挑灯夜读　麦绥莱勒　木刻　1959年

Law Book Review

法律书评
(14)

苏力 / 主编

图书在版编目（CIP）数据

法律书评. 14 / 苏力主编. —北京：北京大学出版社，2023.6
ISBN 978-7-301-33851-3

Ⅰ. ①法… Ⅱ. ①苏… Ⅲ. ①法律—著作研究—世界 Ⅳ. ①D9

中国国家版本馆 CIP 数据核字（2023）第 051488 号

书　　　名	法律书评（14） FALÜ SHUPING（14）
著作责任者	苏　力　主编
责 任 编 辑	林婉婷　靳振国
标 准 书 号	ISBN 978-7-301-33851-3
出 版 发 行	北京大学出版社
地　　　址	北京市海淀区成府路 205 号　100871
网　　　址	http://www.pup.cn　http://www.yandayuanzhao.com
电 子 信 箱	yandayuanzhao@163.com
新 浪 微 博	@北京大学出版社 @北大出版社燕大元照法律图书
电　　　话	邮购部 010-62752015　发行部 010-62750672 编辑部 010-62117788
印 刷 者	大厂回族自治县彩虹印刷有限公司
经 销 者	新华书店 650 毫米×980 毫米　32 开本　8.625 印张　198 千字 2023 年 6 月第 1 版　2023 年 6 月第 1 次印刷
定　　　价	49.00 元

未经许可，不得以任何方式复制或抄袭本书之部分或全部内容。
版权所有，侵权必究
举报电话：010-62752024　电子信箱：fd@pup.pku.edu.cn
图书如有印装质量问题，请与出版部联系，电话：010-62756370

北京大学法学院 主办

主编：苏力（北京大学法学院）

本期执行主编：李晟（中国海洋大学法学院）

编辑委员会：

胡凌（北京大学法学院）

李晟（中国海洋大学法学院）

田雷（华东师范大学法学院）

魏磊杰（厦门大学法学院）

于明（华东政法大学法律学院）

岳林（上海大学法学院）

目 录

主题书评

"青年学者新书沙龙·超越街角发言者"实录 / 003
信息向左,表达向右?
　　——评《超越"街角发言者"》/ 戴　昕 / 057
言论表达权模式的谱系
　　——兼评《超越"街角发言者"》/ 胡　凌 / 079
从街角到墙角:互联网科技巨头主宰下的政治与法律
　　——读左亦鲁《超越"街角发言者"》/ 凌　斌、王　硕 / 091
当我们谈《超越"街角发言者"》时,我们要超越
　　什么?/ 沈伟伟 / 108
表达权:站在中国看美国 / 李斯特 / 120

本土墨香

被"锁死"的法律与文学 / 李斯特 / 137

异域书品

分歧与统合
　　——对沃尔德伦立法法理学的反思 / 刘禹甸 / 155
对当代美国总统制中立法权问题的新探索 / 李海默 / 184

法律经济分析的新维度
　　——《法律与宏观经济学》读后 / 于楚涵 / 204
大国竞赛
　　——浅评《枪炮、病菌与钢铁》/ 陈昭瑾 / 228
刑罚与殖民：沙俄时期流放制度的分裂与变异
　　——评丹尼尔·比尔《死屋》/ 李　波 / 252

编辑手记 / 261

《法律书评》稿约 / 263

LAW BOOK REVIEW

主题书评

"青年学者新书沙龙·超越街角发言者"实录

表达权既是法学学术界的经典课题,也是公共知识界的热门话题,但表达权研究的理论创新在当代各国却正基于不同原因、在不同程度上面临瓶颈。2021年5月9日上午,由凯风基金会支持主办的"青年学者新书沙龙·超越街角发言者"在北京西郊宾馆举办。本次新书沙龙以北京大学法学院助理教授左亦鲁所著《超越"街角发言者":表达权的边缘与中心》(以下简称《超越"街角发言者"》或《超越》)作为学术批评和研讨的对象。来自凯风基金会与北京大学、电子科技大学、国际关系学院、华东政法大学、华东师范大学、华南师范大学、上海大学、厦门大学、中国海洋大学、中国政法大学和中山大学的17位学者共同参与,就本书对表达权研究的理论贡献和启发展开讨论和批评。

本次沙龙由《法律书评》集刊协办,《法律书评》主编、执行主编及编委会成员悉数到会,力求通过实质性学术研讨启发高质量书评,推动真诚、开放的学术批评风气,培育经得起考验的学术作品。

沙龙实录首发于微信公众号"雅理读书(yalipub)"。为体现更为活跃、原生态的学术讨论,现将沙龙实录刊发于本辑刊物,从而与作为本辑专题的成文详细书评形成对比,以免某些"短促突击"的精彩火花被遗忘,更好地显示出学术讨论的生动。

左亦鲁:《超越"街角发言者":表达权的边缘与中心》,社会科学文献出版社2020年版

致 辞

周安安(凯风基金会)：各位老师好,非常荣幸能与《法律书评》合作这场新书研讨会。作为一家支持学术思想生产的基金会,凯风一直以来的工作方式,是支持学术研究的生产过程、为学术成果培育土壤。"青年学者新书沙龙"是凯风基金会这两年在探索的一个支持项目,我们希望能够对青年学者在创作新书的思考及写作过程中给予一定的支持与协助,同时鼓励更多人关注新出版的学术著作。沙龙一般以闭门形式举行:有些是在新书初稿形成后举行,通过同道研讨来为进一步修改提供意见;有些是在新书出版后举行,围绕新书进行深入探讨、形成进一步的书评文章。十分期待今天的精彩研讨。

引 言

左亦鲁(北京大学法学院助理教授)：感谢安安老师、凯风基金会和《法律书评》组织这场讨论。这本书本来是想叫"言论自由的边疆",但后来发现起这个名字好像更麻烦,所以有了现在的名字。但做些言论自由的"边疆研究",的确是我写这本书的初心。我简单谈四点,留更多时间给各位老师。

我写这本书,第一个目的是"做点理论"。

传统言论自由研究,大致来说存在两方面问题:一是没理论,意识形态、口号、宣誓和"上价值"比较多;二是泛理论,即把言论自由和其他政治权利放在一起研究,比如说促进民主政治等,但并没有进入言论自由内部,发掘言论自由的独特性。

所以,我就想做点言论自由理论研究,特别是中层或中观的理论。我自己的一个学术规划是把言论自由内部和有关的重要概念和问题都梳理一遍,书里做了一些,还有一些问题(比如真与假的问题、自由与平等的问题,还有政治言论"分与合"的问题),文章已经写出来了或正在写,希望未来再版可以放进去。

第二,我不做言论自由的中心研究,而是想做些边缘和边疆问题。

我用"街角发言者"模式来总结言论自由的中心。它以保护公共对话和政治言论为核心,重视言论的内容而非言论的媒介,对处理说话、写作和出版等传统和典型"言论"最为游刃有余,从中可以提炼出公共对话、政治言论、内容、"街角发言者"经典范式和典型传统"言论"等五个基本元素和设定——但我不准备研究这些中心,而是去关注与它们相对的边缘问题。因此,这本书分别以"内与外""政与文""质与器""旧与新"和"本与变"为主题,考察公共对话外的逻辑和正当性基础、文化言论的价值和表达自由的文化价值、媒介对表达自由的影响、互联网等新技术对经典范式的挑战,以及算法、人工智能对"言论"的突破和颠覆。之所以选择边缘或边疆,书里也有交代:一是相对中心而言,边缘被研究得少;二是自己也有一些"野心"和"反骨",希望借助这些边疆研究来反思,甚至挑战中心。

第三,政治与文化。

这也是我觉得这本书没做到的。简单来说,传统上都是从政治的角度来思考言论自由,比如把言论自由首先看作一项政治权利,对政治言论格外偏爱,以及特别重视言论自由对政治的贡献等。坦率地说,这本书也并没有完全跳出这个框架。第二章是个不同的尝试,但这章出版出来的面貌和原来写出来的差得比较多,大家可能看不太出来。但我其实更关心的是从文化和意识形态领导权角度思考言论自由。我出国读博士头几年,花了很多精力去读葛兰西、艾略特、马修·阿诺德以及雷蒙·威廉斯、伊格尔顿等文化研究和伯明翰学派的东西,有些朦朦胧胧的感觉,但并没有完全吃透。今后继续做言论自由研究的话,文化和意识形态领导权的角度,是我想继续发力的方向。

第四,是做"汉堡"还是做"饺子"。

这是前几年开会讨论苏力老师的《大国宪制》时,我想出的一个比喻。简单来说,这本书对言论自由的研究总体还是在做"汉堡",我的工作要么是把汉堡做得更西式、更"正宗",要么是尝试把中间的肉饼、酱料换成更中式和本土化的东西。但本质上还是在做汉堡——是做一个西式的食物。但接下来,我们真正需要的可能是有朝一日可以做"饺子""包子"和"馄饨"。用海子的话说,还是要"去建筑祖国的语言"。前几天,苏力老师点评我在北大文研院关于 fake news 的讲座,他就提到能不能摆脱西方的概念,用中国的概念来解释和分析。我理解苏力老师说的也是这个意思。所以,我接下来继续做这方面研究的话,更大的挑战就是能不能用中国的资源、概念和语言去分析和建构。简言之,就是开始做"饺子"而不是"汉堡"。

记得念书时,苏力老师去耶鲁做讲座,讲完之后他说:"Please use your bricks to crush me"。现场的中国人和外国人都没听懂,苏力老师随后很得意地自己翻译:"我讲完了,请拍砖"。我今天也先说这么多,please use your bricks to crush me。

第一单元

主持人(中国海洋大学法学院教授李晟):谢谢左亦鲁老师,他刚才非常精炼地介绍了这本书大概的思路,谈到了他对于这本书还有更大的理论野心。我们今天的讨论,希望通过各种视角的交流共同来完成进一步的"超越"。下面我们进入第一轮讨论环节。首先有请胡凌老师。

胡　凌(北京大学法学院副教授):我抓紧时间抛砖引玉,刚才我听了老左的总结,这本书我一开始看的时候,是从我自己的研究角度,包括结合互联网法律相关规则来看的,感觉有很多启发。虽然我对美国宪法没有那么熟,但是哪怕你把美国宪法背景抽去,实际上里面有很多内容作为一般性的要点都是很有意思的。我理解这本书主要是对信息技术引发的一些新问题,比如言论表达边界等进行讨论,而且将很多范畴放到宪法圈里来讨论其实也是很少见的,可能更多的会放在隐私、版权这些领域讨论。书里提到的商业言论、文化类的言论,以及言论载体其实都很少谈论,或者可能宽泛意义的网络法会有讨论,但是贴上宪法标签的不太多,从这个意义上来讲,我觉得这个书是有学术贡献的。按照刚才老左的说法,如果只是把主要内容当成关于"汉堡是不是这样"的讨论,我觉得可能还不够,将这本书的主题本身延伸开来会有特别多的启发。

刚才老左最后谈得特别有意思,如何真正思考中国语境下的言论并开展研究?相关规则是怎么产生的?有什么问题?这个问题可能跟美国宪法毫无关系,不论大家是否了解美国宪法知识,相关的问题仍然会出现。从这个意义上说,言论问题还是有很多可以谈的,我这里想了几点,今天作为一个交流内容,看能不能激发出来怎么研究中国语境下言论问题的讨论。

美国宪法意义上的言论自由法律问题可能在中国没有那么明显,但是言论问题本身是非常明显的。教义学研究下关于宪法规定的通信秘密或者权利的比例原则等都可以讨论。当然还有民法上的讨论,作为一种言论或者信息生产的外部性,你讲了什么话,可能跟别人的隐私发生冲突或者跟版权发生冲突,传统的法律部门对此都有讨论,但是怎么上升到一般性的理论问题就需要思考。宽泛来讲,言论就是关于信息生产流通收益分配的一个东西,如果放到信息生产的背景之下,可以发现很多言论问题是相通的,关注言论的生产机制特别重要。传统言论也有生产机制,包括编辑加工、印刷复制等环节,只是往往被忽视。只有看到发表出来的内容,我们才将之作为言论问题加以讨论。现在我们发现,言论生产过程也很有意义,如果按照这种信息的逻辑来讨论,就有很多问题可以放到里面,包括大众生产(如何协调生产秩序、评分、社会信用等都可以讨论)、无序的生产(网络推手、刷分、刷单)、身份认证(为了确保言论是可信的,如何应对假新闻),以及言论管理、市场秩序等也可以结合在一起,等等。这些内容传统来看不是特别重要,但是现在放在这样的信息生产链条下面就非常有意思。另外,包括言论开始变得商业化,个人言论可以变现或者成为流量,还有很多特别新颖,或者原来没有考虑到的表达形式,比如字幕组、弹幕、表情包等,都可以放到大的框架下去观察。

我稍微总结一下当言论成为信息时的新特点:第一,量特别大,大家都可以生产、转发,言论的定向匹配问题就变得非常重要,这个跟算法研究可以结合起来,比如算法自动化推送、自动化决策等。第二,关于言论管理也有新的内容,原来通过删帖好像只是不让别人讲话,现在不是不让说什么话,而是让你说,而且希望你说得越多越好,因为可以成为流量。现在是鼓励生产言论,但是要有序生产。对其加以调控和匹配后,平台就可以博眼球、有收益。后面还可能由机器来生产言论,包括书里提到算法的问题跟生产关系是结合在一起的。第三,碎片化的或者单条的言论可能没有那么重要,重要的是集合性的言论。网信办说要考虑信息的风险评估,例如,我们上热搜看看说了什么,这些公共性的事务一定是很多人一起推上去的,因此传播的媒介就变得重要。大家关注传播网络是如何构成的,不同类型的网络中私人和公共领域的界限变得模糊了。要关注信息究竟是怎么传播、怎么流动的,怎么去监控。第四,关于技术和基础设施,这本书里面也提到了,我觉得这个特别重要。言论的技术原来是我们不太关注的,现在无限的信息使得言论的形态发生了一个很大的变化。以后还可以继续讨论生产背后的政治、经济的意义,平台在组织言论生产,其本身是一个利益创造过程,教义学会问这个内容是不是言论?能否保护?或者算法生成的内容是不是言论?算法有没有主体性?但是如果从政治经济学的角度来看,会问平台这种主体是否希望产生这类言论?是不是希望算法成为主体?这样我们才知道信息生产会服务于背后的某种利益,只不过这种利益通过中立的规则被掩盖起来。

从未来的研究角度我觉得还是有很多可以讨论的话题,包括意识形态领导权、侮辱英烈、实名言论,等等。中国的网络言论基本上是实名的,即使是匿名、假名,大家也可以通过人肉找到他的真实身份,这里就会有一连串的机制,包括实名言论怎么在网上运作,相关的举报、投诉机制,还有与言论行为的声誉的结合等。所以总结一下,我感觉老左这本书带来的研究空间非常大,我也希望我们都参与到这个研究里,帮助把言论讨论的内容加以扩展,通过自己的研究展示出哪些看上去与言论无关的内容实际上都是言论研究的一部分。我就说这么多。

主持人:谢谢胡凌老师,他的发言给我们开了非常好的脑洞,一下子让我们发现边缘和中心的空间都还非常巨大。接下来我们有请第二位李斯特老师。

李斯特(华南师范大学法学院副教授):谢谢大家,我原来不太关注表达权这一块,因为可读的中文读物确实不多。左亦鲁老师这本书非常深入又清晰地讨论了这一主题,让我产生"老司机带路"的感觉。如亦鲁所言,《超越》处理的理论和材料多来自美国,但他已十分自觉地指出:"别人的'中心'是否就一定是我的'中心'?"所以在书中尝试着结合中国的经验事实,去丰富表达权的边缘地带的理论表述。虽然亦鲁刚才在发言中谦称"饺子"还没做好,但我觉得本书在国内外实践和理论的融合上已经很出色,包括波斯特谈到的民主胜任问题(李普曼可能更早地指出相关问题)。本书不但吸收了这些理论,而且成熟地加以运用,大大拓展了我们对表达权的理解。从前说到表达权,我们只会想到"街头发言者",但"街头发言者"的历史其实很短,海德公园里有名的演讲角就是1872年才有的,现在"街头发言者"的历史可能又过去了,亦鲁已经给我们指出来。

下面我想先围绕广告谈谈我受到的启发。《超越》从2015年的中国"史上最严广告法"开始,引出对表达权的"公共对话中心主义"的批评:"广告、学术言论和专业言论的价值是为公共对话和现代社会提供可靠的信息、知识和服务,应该有着完全不同于公共对话的逻辑、原则和正当性基础","公共对话之外,对内容的严格规范和限制却是主旋律"。对于广告,我的看法有点不同。广告就是创名牌,它的前提是商标。"因为商标的私有垄断性质,使得广告宣传得以吸引巨额资本。"(冯象:《"生活中的美好事物永存不移"》,载《读书》1997年第2期)由于广告的这一功能,我们发现,《超越》里指出传统对媒介的关注不够,可能只是学界的关注不够,广告是不管媒介怎么变化,永远在第一时间进入的,从报纸、广播、电视到互联网,它都是永不缺席的。广告通过影响表达的"器"(媒介),无时不在地影响着表达的"质"(内容)。1994年4月12日,互联网第一封垃圾邮件把第一个广告发出去,震惊了开发和使用互联网的科技人员,因为这标志着互联网开始商业化,并深刻地影响着互联网上的表达。蒂姆·伯纳斯·李非常失望,他指出当今互联网功能失调的三个原因之一:"在牺牲用户价值的情况下,产生不当激励的系统设计;比如基于广告的收入模式,在商业上奖励点击,诱导虚假信息的病毒式传播。"

　　由于广告的特性,它的表达目的就不大可能是"提供可靠的信息、知识和服务"。"在市场经济条件下的竞争,同类产品往往数量多而新品种层出不穷,故商标宣传,尤其是高档商品广告,势必不能停留在产品介绍和比较(即间接的比较;直接比较在很多国家是法律所禁止的,我国亦然),而转向营造由商标所代表的生活质量和社会地位等特定消费群体的消费理想。"(冯象,同上注)塑造一种理想的生活方式的同时,广告也在塑造着一种理想的生产秩序,因此广告既是文化的,又是政治的。

刚才亦鲁提到如何从文化批判切入表达权的讨论的问题,我想到苏力老师在谈法律与文学的时候曾讨论,今天的文学在各方面因素的合力的影响下成了娱乐,那《超越》有没有可能围绕着广告,把讨论一直延伸、贯穿下去,进一步打通内与外、文与政、质与器的界限,不但反思表达权,同时也反思表达权的理论的形成(如广告为什么会成为与学术、专业表达并列的分类)?

让我抛砖引玉,举个例子。我们一提到广告,常常马上联想到市场的自由、产品的丰富、生活的多姿多彩、人性的解放,等等;而没有广告的社会是难以想象的,它一定是跟专制、压抑、匮乏联系在一起的。广告因其强大的联想功能,把言论和市场连接起来,恰恰完成了《超越》批评的片面的言论自由市场论。言论市场的隐喻,是要我们先去肯定广告,才能完成的。这样,把广告和学术、专业表达并列,正好是西方理论的屏蔽功能的表现,屏蔽了"西方人通常把市场等同于观念的自由,而事实上市场那只看不见的手几乎与政府的铁腕一样,都是有力的控制工具"这一事实。(见〔美〕诺姆·乔姆斯基:《必要的幻觉:民主社会中的思想控制》,王燕译,南京大学出版社2021年版,第13页。)

因此,对待美国的表达权实践,我们不但要学习其经验,也要看到其局限。《超越》提到,霍姆斯说过一句话:"美国宪法是为根本观点不同的人来准备的。"其实这是掩饰,宪法是没办法为根本观点不同的人准备的。怎么给美国内战前的南方和北方准备一部宪法?只有内战打完后,霍姆斯才可以说这句话。我觉得墨子在这一点上更加不加掩饰。墨子说:"天子唯能一同天下之义,是以天下治也。"要先把核心的价值统一了,才能来谈言论自由的问题。我想霍布斯会更赞同墨子,而不是霍姆斯。我由此产生一个疑问:充分行使表达权,到底是分歧越多越好,还是共识越多越好?如果真理越辩越明,就应该是大家的共识越来越多。可从抗疫、枪支管制等情况来看,美国社会距离实现民主胜任还有很远的一段路。它的表达权实践的局限性(或者说虚假性)在哪里?

我想从美国联邦最高法院来聊这个问题。在美国这样一个宗教文化多元的移民国家里,当国会受其代表的经济集团的利益和选民的态度左右时,美国政治体制需要把联邦最高法院推出来,让其在表达权的问题上担当另一位主角。大法官晋升之路很难,职业也比较神秘,属于绝对的精英,因而符合法律大祭司的形象。联邦最高法院还有一个最大的好处——可以自主选择案件和方便地更改先例。如《超越》指出的,最高院可以在托尼罗案中对红狮案绝口不提,又可以在帕斯菲卡广播案中格外强调起本案与红狮案的一致性。(第131页)❶这样就把司法变成一个高度灵活的政策性的东西,实际上是用一种高度人治的方式来实现了表达权的治理。为什么这么说呢?因为我们都知道联邦最高法院的大法官的整个任免程序其实是一个漫长的政审过程,根本不是对法律职业能力的审查。这个大家都比我更清楚,联邦调查局的调查、美国律师协会的评估、总统的提名和参议院的投票通过,最终要完成的是把政治立场可靠、政治能力不错的同志输送到联邦最高法院去。

我们只要比较一下联邦最高法院和毛泽东同志关于表达权的一些说法就能清楚看到前者的政治性。美国司法的表达权的

---

❶ 本书正文中圆括号内出现的页码均为《超载"街角发言者"》一书中的页码。

一个重要判断标准是是否存在"明显而现实的危险"。毛主席讲我们要区分鲜花和毒草,有六个标准,最核心的就是两条:要不要坚持社会主义？要不要坚持党的领导？我想了想,其实美国司法上说的言论可以理解为鲜花,有"明显而现实的危险"的行动就是毒草。美国司法的这一区分标准与毛主席提的标准虽然有本质的区别,但在手段上都是高度政治性、政策性的。美国的制度经过了很长的时间,磨合得比较成熟,我国在这方面比较大的问题可能出在官僚主义和形式主义上。另外,我们采取的是不争论的做法,即《超越》指出的二次创作、人肉搜索等其实是表达权的问题,但我们使其降格为一般的部门法问题来解决。而美国是在必要时把具体问题上升到宪法第一修正案来解决,这样做当然有积极的一面,但有时其实是把无法真正解决的社会矛盾通过"升华"给掩盖起来了。

最后,我稍稍补充一点。《超越》有一章是公共对话的"内与外",从另一个角度来想,表达的中心与边缘也常常与国内和国外有关。中国如此,美国也是如此。在建国初期、俄国十月革命胜利之后、冷战时期,一战、二战不消说了,美国的表达界限也是在不断地收缩变化的。因此我们应该在具体的历史背景里,来看为什么美国那么复杂的表达权实践,会以一个高度公式化的面目输出到其他国家,成为一个自由的神话。到了今天,亦鲁用扎实的研究把这个简单的神话给戳穿了。也许,这是在"攻守之势异也"的前夕,类似于《命运交响曲》中的那声嘹亮的号角？这是《超越》给我的印象。我讲完了,谢谢！

主持人:谢谢斯特老师,他结合政治经济学框架对比国内和国外不同的秩序机制,指出表达自由的治理要考虑到表达自由为谁服务,治理是不是有效率。下面有请戴昕老师。

戴　昕(北京大学法学院副教授):书中提到的很多问题之前也和亦鲁有过交流,所以我说得简单些。我看了这本书之后,一直觉得很值得写书评,因为我和斯特的感觉近似:这个题目中国学者认真做好的其实很少。苏力老师很多年前的一些文章,将言论自由的角度带入民事侵权问题的讨论,当时看看觉得很有新意,但毕竟不是集中化、系统化的学术处理。直到今天,学生们在市面上能看到的中文读物其实主要还是"批评官员的尺度"一类比较表面化的译介。所以亦鲁这本书很有意义。但也正因为如此,这个书在篇幅和内容方面还显得有些单薄(当然未必要归咎于作者),拿出来跟市面流行的东西抗衡,或许不够厚重。从内容来看,目前书中的绝大多数讨论都围绕美国语境中的问题展开。对于熟悉这个领域的研究者来说,我们一眼看去也都能知道相关讨论大概可以在中国语境中对应什么问题。但对于一般读者,包括学生来说,未必很容易看出来,这会对这本书的学术影响力形成限制。

我自己认同前面亦鲁的说法,表达权研究是应该追求理论创新的,得弄出"包子"和"饺子"。或者,哪怕只是沿着当前美国理论的发展,我们其实也已经能看到,一些原本没有凸显出来的思路正在获得更多关注,而这些西方当代的思路,相比于之前的经典理论,其实与我们中国人对表达问题的理解更贴近了。比如,像信息和表达两个概念之间的分野,其实很重要。传统理论强调表达自由,这个概念及其意象"高大上",直接把人们的思路引领到有关道德自主性、政治自由的思考。但其实从法律的角度来看,日常的制度其实不仅关注表达者如何完成表达,也需要关注表达的信息后果,这时应当进入理论视域的价值,超越有表达欲望的个体享有的基本权利或道德自主性。表达的后果是改变了社会的整体信息环境,这种改变有时是有利的,有时会带来伤害,而信息致害的问题,在表达自由被拔高为美国宪法中的政治正确后,在法律层面变得不容易处理了,因此长期在美国法中被边缘化,甚至"非问题化"——直到网络特别是平台媒体兴起的当代。

就我自己的经历而言,作为中国学生在美国学习表达自由相关的问题时,直觉上其实一直觉得有些别扭:不少案例中涉及的表达,其实际社会后果明显很大,为什么法律不能加以规制?经典的论证通常是二阶的,即不是否认表达或信息不会致害,而是说因为制度能力是有局限的,适当划线很困难,为了打击有害信息,很可能会伤害无害,甚至有害表达,所以只好反过来,承受放过有害信息的错误成本,来保证没有无害信息被错误规制。这个思路在抽象上是有道理的,错误规制无害信息在现实中也是一个非常严重的问题。但是,第一,不是所有时候划线都那么危险,都必然引发寒蝉效应,有没有寒蝉效应需要具体判断;第二,时代在变化,表达和规制表达的技术手段都在改变,与很多领域中出现的情况一样,信息致害问题的规制也有了比以往更大的精细化的可能。这两点意味着尤其是在今天,理论存在有所突破的空间。

而亦鲁说的中心和边缘结构,我认为与我们思考理论在何处可能出新关系很大。在边缘地带,信息致害的问题其实相对更容易谈,而在中心地带,至少到目前为止,谈"表达自由"还是更符合人们的前见的,谈"信息致害"会显得很低级,不够"高大上"。但也正因如此,重要的就是,像这本书这样,先在边缘大张旗鼓地把这个问题提出来。否则,此前之所以会有理论上的惯性和惰性,一个很重要的原因是,大家长期不好意思在中心地带谈论信息致害的问题,那么到后来,进入边缘,也同样不好意思去提及了,甚至忘记了法律在保障作为伦理或政治行为的表达之外,还需要处理信息致害问题。当然,在法律中还有许多对表达自由理念和制度规范加以策略性利用的情形,例如明明是个虚假广告,发现别的保护找不到了,就搬出表达自由,这也是边缘地带居然会存在的原因,而未来的理论应该首先对此加以清理。

最后还有一点想法。前两天参加了一个未成年人网络保护问题的会。这个问题现在不少人关注,但如果放到美国法的语境里,毫无疑问也要牵扯上表达自由。不过,传统上,未成年人保护这个表达自由的边缘问题,包括美国学者在内,也不会觉得特别复杂,而其基本原因是未成年人认知能力和自控能力都明显不足,需要特殊保护。但在今天的媒体面前,比如在基于"上瘾算法"向用户推送短视频的平台面前,成年人和未成年人就认知和自控能力不足这一点而言,差距特别大吗?网络电信诈骗,受害的很多都是老年人、老教授,这对于表达自由的理论启示是什么?不够理性的信息受众难道只存在于这些边缘地带、不会出现在表达自由的中心区域吗?显然,这是理论继续推进的一个可能方向。

主持人: 谢谢戴昕老师,他提到一个非常重要的理论问题,信息和言论之间的关系。刚才听戴昕老师的发言之后,我想到在信息论的讨论当中,香农和韦纳有一个争议,香农认为信息是熵,韦纳认为信息是负熵。那么言论到底是熵还是负熵?可能跟人的思维处理能力有关。信息越多,我们对于这个世界越好把握。但超出了人的思维能力和处理能力的时候,信息越多,负面效果可能就会变多。在网络社会中,我们的注意力资源有限,被算法和人工智能所控制,我们的处理能力达不到,就很容易"沉迷"了。下面有请第四位发言人李一达老师。

李一达(国际关系学院法学院):老左这本书,那天我们还在聊,这里面最早写的一篇文章是第三章,他的硕士论文,从2011年答辩到现在又快到毕业季,刚好十年了。

在这本书出来之前,对表达自由的研究往往只是把它看作一种对国家的"防御权"或是公民政治权利的一部分。但老左这本书提醒大家注意"言论"本身的复杂性,按照他对经典理论的总结,至少可以分为四个层次:第一层是政治言论;第二层是这之外的各种言论,然后它们又以能不能跟政治言论发生关联形成一定的等级;第三层跟前两层相比开始有质的差别,比如像商业言论,它的内容变得不再重要,所以可以直接规制内容;第四层或许可以叫"非言论",但有一个"表达"的外在形式,这种类型中传统的比如说美国人烧国旗、烧征兵卡,其最新形态则是全书最后一章讨论的算法。更为重要的是,在过去的半个多世纪中,后三层言论呈现的一个普遍趋势就是在不断发生着向第一层言论的转化,这使得过去泾渭分明的言论自由保护理论和清晰可辨的街头发言者形象变得十分模糊。借用他在第一章中的一个表达,这本书的出现像照明弹一样,点亮了过去暗藏在街头发言者周遭的更为广大的言论世界,让我们看清楚了这其中的复杂性和张力。

然后,在这个言论分层理论的基础上,老左进一步给出了具有中国视角的观点,尽管未及展开,但他已经指出,文化言论至少应当处于和政治言论相当的地位,如果说政治言论的前提是人民主权("人民当家做主"),那么作为这种主权的另一种形态,文化领导权则要依靠文化言论来实现,具体来说,要依靠一种从人民群众当中生发出的民主文化来实现。当然,虽然有所批判,围绕街头发言者建立起来的分层结构似乎没有被颠覆。

不过,说回"十年"这个话题,对这本书的主题来说,这十年里最大的变化可能是,在互联网上,比如微博上,我们今天最经常接触到的可能是一个从里到外都与"街头发言者"完全相反的形象:这本书刚出来那会儿,很多朋友都调侃,右边这个"超越"是在影射某Y姓女星吗?现在看,与"超越"们相伴生的所谓"饭圈"及其言论,可能是普通人在日常生活里最易接触到的"公共对话空间"中经常遇到的一类"发言(者)"。与传统的街头发言者相比,粉丝言论的特点可能是:

(1)从存在空间上,它只寄生于互联网媒介中,我们很难在传统的无论是书报还是广电当中看到它的踪迹;但在这个存在空间里,我们还能看到所谓"公共对话的场域"和"公共对话以外的场域"的区分吗?好像很难。正如老左在第一章当中所说,两种场域的划分标准是基于内容的。但对粉丝言论来说,他们并不太在乎表达对内容本身有什么实质意义。最典型的,比如说"控评",成百上千条整齐划一的文字,他们更在乎的其实是言论的传播度和影响力。

(2)因此,对这些言论来说,内容以及表达内容所用的文字,这两个部分的重要性就变得很低;而过去不太被重视的"媒介"这个部分的重要性变强了。并且我们其实都能感受到,虽然都是在"互联网"这个很宽泛的概念下面,但微博打榜和弹幕、短视频、表情包彼此很不一样。

（3）也是因为媒介而不是内容是更重要的，所以再去区分言论到底是日常言论或者文化言论，还是政治言论，甚至说是商业言论，就变得很困难，因为所有这些形态都包括在里面。重大节日粉丝跟偶像一起转发官方通过微博账号发布的政治宣誓，从内容上看这无疑是政治表达，但粉丝关心的显然不是政治本身；给偶像代言的商品刷销量冲业绩，打击偶像的"对家"的方式也往往是抵制购买"对家"代言的商品，从形式上看这是商业行为，但似乎又是实质的态度表达；然后粉丝围绕偶像的一系列内容的生产又应该被看成是文化言论。但这些在他们自己看来，其实都是一种言论；或者说，他们在意的不是任意一种言论形式，而是为了点击量、热度和排名，也就是所有这些言论殊途同归，最后转化为一种"非言论"——数据。所以对这些新的"发言者"来说，传统的四种言论类型的排序可能是颠倒过来的，他们最看重的，以及要去捍卫和维持的是数据的部分，其他言论都是"工具"。

对这类言论来说，我们会发现，美国视角的经典表达自由理论很难再去对它进行分层和分类。同时，从主体角度而言，传统的理论中的"自治"或"自主"好像都不太适合解释他们的存在状态。如果说，这本书揭示的是经典理论中心之外的各种"边疆"，那么刚才说的这一类发言者，饭圈粉丝，它和街头发言者之间好像已经不能构成一种中心与边缘的关系了，两者甚至可能是完全不同性质的。那么，这样一类表达主体，它还能不能再被看作"发言者"？或者说，它是否拥有属于自己的宪法形象呢？

从老左升级后的理论来看，这样一种言论似乎是可以被识别的。在他看来，"互联网、无线网络、智能手机、可穿戴设备、社交平台以及各种应用程序(App),使得普通人参与文化创造和传播变得前所未有的容易……如果说中国宪法包含了'人民在文化上也要当家作主'的理想,那么新技术的确为实现或激活这一理想提供了'基础'或'基础设施',文化表达或许迎来了一个从后台走上前台的机遇"。依照这种观点,粉丝言论完全可以被看作一种在今天为普罗大众所喜闻乐见的文化言论类型,得到《宪法》第47条的保护。

老左书第二章对《宪法》第47条的解读是全书中我最感兴趣的部分。与传统的单单基于第35条构建起来的言论自由或者说"政治权利"理论相比,"35+47"的新结构无疑激发了我们的想象力,这可能意味着,大量被我们只是看作一种消费品或者冗余信息的态度、立场表达,其实可以转化为一种文化的创造,而这种创造其实是在体现它背后主体生动鲜活的存在;这些文化产品的极大繁荣与支配力,体现的是这些主体对话语权的掌握。这些常见的和为大众所喜闻乐见的表达意味着,我们曾经在《宪法》第47条中期待的那样一种"人民"的自我创造好像通过网络这个基础设施正在成为可能,而不仅仅是(作为它前一个阶段的、更依赖文化精英的)"为了人民"的创造。在这个意义上,似乎"这盛世如你所愿"。

不过,在社会主义传统当中,当我们讨论表达问题时,我们讨论的往往并不是表达本身,而是它背后对"人"的培育与教化。也就是说,"35+47"仍然不是我们讨论宪法上言论问题的终点,在它的下面,还有一个更为基础性的预设,它应当是回答"谁来做主"这个问题的,然后才能由表达权和各种权利、由代表机关和各种权力机构转化为"如何做主"问题。而对"我是谁"的回答,就一部社会主义宪法来说,不能仅仅止于"人民",还应对人民进行进一步的分层,而这正是社会主义宪法所专属的"阶级"视角。而这个阶级视角必然引导我们在文本上过渡到《宪法》正文第1条对主权者的内在结构的表达:无论"工人阶级"还是"工农联盟",它们指向的都是一个更为清晰的形象:劳动者。那么,一个问题就是,如果我们不再把它作为一个前提来讨论,那么在它基础上构建起来的关于文化领导权和文化言论的理论是否还能成立呢?如果不能,那么今天这些极大繁荣的文化言论还应当被看作一种值得我们动用宪法(理论)去保护的言论吗?期待老左的进一步研究。

主持人:谢谢一达。我们在中国想象的言论,与美国式的形象有很大区别。而从宪法的角度出发,从阶级属性的角度思考,言论自由在宪法意义上的中心到底应该是什么?

第二单元

凌 斌(北京大学法学院教授):去年拿到亦鲁的书就写了一个书评,到现在快一年的时间了。当时是有感于国内平台控制热搜,后来触动最大的是美国平台封杀特朗普。

如果说2016年美国大选已经能看出来社交媒体平台对美国政治的影响,那么2020年大选已经变得特别明显。社交媒体平台的介入至少从去年5月份就开始了,也就是亦鲁这本书出版的时候。开始是给特朗普打标签。后来最尖锐的一个斗争是拜登的儿子电脑被黑导致信息泄露,但是很快就被Twitter和Facebook屏蔽了。之前特朗普税表泄露也是由于遭到黑客攻击,但是社交媒体平台没有屏蔽,这很"双标"。之后到1月6日的时候,这些大的社交媒体平台全都出动,一致封杀特朗普。大家都看到了,我相信这是震惊世界的事件。不光我们看到很震惊,德国、法国、英国的政要也都表示对这个事情很忧虑。在资本主义世界本身也引起了非常大的震动。当时佩洛西援引刚刚斯特提到的申科案中霍姆斯的那句名言"明显而现实的危险"为平台封杀特朗普正名,但实际上明眼人都清楚,封杀前总统这件事情本身才是"明显而现实的危险",要比攻击国会那件事情更明显、更现实、更危险。

不光是这些政治事件,其背后还涉及一系列法律问题的争议,矛头直指美国《通信规范法案》(The Communications Decency Act of 1996, CDA)的"230条款"。在大选之前,特朗普、拜登、科鲁兹、佩洛西,包括大法官托马斯全都发言,认为CDA 230关于言论避风港的条款应该改变了。大家知道,CDA 230把媒体科技公司包装成网络中立的第三方平台,说他们是网络服务提供者,提供的只是计算机服务,和发言者以及信息发布者不一样,但实际上这次封杀特朗普的事情,已经让大家都看清楚了,这些媒体科技公司已经不是中立平台。

原来我们对美国言论自由的问题更多是从外部的角度来看,现在感受到这个问题已经日益成了当代的核心问题,应该认真对待。所以我觉得亦鲁这本书特别及时。看了他的书以后,我觉得对这些问题的理解加深了很多。因此借助亦鲁这本书,提出自己的一些想法。

相比以往,移动互联网已经发生了真正的变化。原来的大众媒体多多少少还都有一点"街头发言者"的特征——我跟亦鲁探讨过,Street Corner在中文里的含义应该是"街头",属于街头政治;后来想,这个词可能更多是受到一个社会学著作 Street

Corner Society 翻译的影响，这本书翻译成中文时译成了《街角社会》，但是我们汉语里面实际上没有"街角"这个词，应该是"街头"；"街角"成为了一个通过翻译创造的新词。

（**左亦鲁**：以前我译为街头，后来觉得街角更直译一些。）

对应于传统的"街角发言者"，现在媒体平台上的发言者可以概括为"墙角发声者"，或者"茧房鸣叫者"。表面上看，现在平台上的发言者可以区分为两类，一类是头部发言者，一类是墙角发言者。但从特朗普本身来讲就可以看出来他和他的粉丝经历了两种角色的转变。他在 Twitter 上一开始是头部发言者，绝对的大 V，但是一旦把他封杀以后，他就变成一个墙角发言者，他被逼到死角里面去，根本没有人知道他。平台一直声称没有人为干预，只是通过算法。但是这个算法在封杀特朗普这个事件中不知道是怎么算的，就把特朗普直接给算死了。这背后明显是一系列的政治操纵。所以能够看到，现在公共讨论政治空间和传统的"街头发言者"很不一样，所有人都局限在墙角的信息茧房里，只不过平台把探照灯对向你的时候，你就变成了头部发言者，就像那些流量明星、网红一样，你就变成一个网红发言者；但是当它一旦把流量撤走，把探照灯从墙角移开，你就回到了一个暗角落，根本没有人知道你。这是移动互联网时代的一个关键变化。

变化是怎么发生的？这才是最关键的。这方面，亦鲁这本书给我启发很大。亦鲁这本书，一个很深的感触是，美国互联网媒体平台的做大，实际上不是一个自生自发或者是技术发展的结果，实际上是法律保驾护航的结果，是通过这样一系列立法和判例，早在"红狮案"就有伏笔，之后 CDA 230、"雷诺案"一系列立法和判例开道。这都是亦鲁书中讲的，大家都熟悉，我就不去讲了。大众传媒发展起来之后，美国建立的这一套所谓对媒体平台的法律规制，现在来看都是对他们的保驾护航，以看似规制的方式提供了合法的发展空间。互联网媒体平台今天掌握的超级权力不是一天拥有的，而是由来已久，是一系列法律保驾护航的结果。

我把亦鲁书中洒落在各处的一些洞见摘录出来：

- 互联网不是诸多媒体或平台中的一种，它早已成为一切的平台和基础。（第189页）
- 算法的确使它的主要拥有者——商业巨头们——获得了一种近乎上帝的权力。（第215—216页）
- 私人企业还掌握着另一项无价的财富——个人数据。（第211页）
- 在这一背景下，如果还是将其认定为"发言者"从而去保护它的"新闻自由"，就等于将整个社会的传播和交流的咽喉与枢纽放在了少数商业巨头的手中。（第142页）

我觉得这些观点都是特别宝贵的思想火花。他在书中已经很敏锐地关注到这些重要的问题。互联网已经变成了唯一的平台，它通过算法、数据，掌控了整个公共空间或者是言论空间。

最初写这个书评的时候还没有这么清晰的想法，但现在我觉得，移动互联网是一个真正的革命。从报纸到广播、到电视、到互联网都不是，它们都还类似于"街头发言者"。为什么呢？因为它们是局部的，只能影响一小部分人。比如说互联网，我们都经历过那个时代，2010年之前的互联网是少数精英的讨论空间。但是一旦移动互联网发展起来以后，它直接把信息推送给每一个人，只要在用智能手机都会受到平台的影响。平台由此把自己的权力空间延伸到每一个地方。反过来，传统的那些政治空间,报纸、广播、媒体、街角,包括传统互联网,都被压缩掉了,变得支离破碎,不再成为讨论的公共空间。现在报刊,除了像《法律书评》这样有影响力的(笑),其他大都没人看了。

移动互联网时代的公共讨论模式下,所有这些大V、网红都是工具人,是这些平台在后面,利用他们来发声,就像皮影戏。所以这个时候,是真正发动了一种新型的群众政治。只不过这种群众政治最终表现为流量。在群众政治这个意义上,反而跟传统的街头政治最为接近,因而最能够予以替代。所以我现在的一个看法是,移动互联网也就是智能时代,才最终完成了言论的空间转换。言论的空间转换,从传统的街头政治,经由大众媒体,直到移动互联网,才彻底完成了,中间都是过渡阶段。

现在回头看所谓的思想市场、公共辩论,以为互联网空间天然是一个自由的思想空间,大家可以自由辩论,这些已经完全不适用了。有没有市场,有没有辩论,完全由媒体平台掌控。所以它逼迫着那些墙角发声者,在墙角无人关注的那些人,比如说特朗普的支持者,只能重新走向街头,围攻国会。这是他们在被逼到死角以后作的一次反击。结果怎么样?他们就被宣布成暴民了。你的角色只能是墙角发言者。现在媒体平台已经不允许你重新成为"街头发言者"。

所以通过社会性死亡的方式,通过媒体封杀的方式,我认为媒体平台完成了一个新的霍布斯时刻,完成了一次新的主权建构。这个新的主权建构直接是以死亡,即霍布斯所讲的横死、暴死的方式实现的,只不过这种死亡不是喋血街头,而是发生在智能终端。我称之为移动互联网时代的智能主权。

最后,我沿着亦鲁的思路提出一些问题。通过走到边缘,给我们提供了重返中心的契机。我们看到亦鲁所讨论的言论现在都集中在互联网科技巨头手中。但是他们的本质既不是互联网,也不是科技,本质是跨国资本掌控的商业巨头。他们现在已经日益掌控智能主权,正在成为真正的主权者,他们现在控制网络媒体的同时也控制了尖端科技和传统媒体。比如贝佐斯很早就收购了《华盛顿邮报》。现在传统媒体比如《纽约时报》,更多只能借助这些移动互联网应用,通过手机获得读者。这些互联网巨头甚至控制了科研院所、立法机构、司法机构、执法机构。虽然我们说的是美国,但是我相信大家都有这个感触,如果再任由其发展下去,没有任何国家能够对抗这样的综合实力,对抗移动互联网时代的智能主权。

所以我觉得,这次封杀特朗普事件是一个历史的转折点。尽管问题早已经存在了,这次是把问题充分地暴露出来。一方面,当然是对美国体制本身而言,所谓自由民主制,是建立在言论自由和选举民主之上,但是资本同时控制着言论和选举,自由民主制已经无法像以前那样发挥作用。原来的言论自由和选举民主还能对资本有一定的控制,现在则被资本所操纵。另一方面,也是各个国家共同面临的问题。所以我们看到一系列反制,比如欧盟、美国、中国都在搞反垄断。但是这个问题显然不是通过反垄断能彻底解决的。需要系统性的全方位管控,特别是宪制层面的"节制资本"。

亦鲁在书中提到的中国宪法的两个原则,一个是人民当家作主,还有一个是公共文化创造,我觉得都非常重要。这里补充一点,《宪法》第 1 条也许是更为根本性的。当资本足以控制科技、传统媒体、网络,并将影响力渗透到立法、司法、执法各个分支,很难想到常规的法律手段或者传统的选举政治有什么应对办法。在中国,解决问题的实际上也不是包括反垄断法在内的技术方式,而是通过坚持党的领导,坚持人民民主专政。否则,仅仅是法律途径很难对抗移动互联网时代智能主权的崛起,毕竟法律也是主权的产物。就此而言,这也可能已经是对抗跨国资本的最后堡垒,意味着当今世界面临的最后的斗争。

如果深入到这个层面,我们的问题就不仅是表达、言论和自由的问题,不光是超越街角发言者的问题。问题的实质已经是笔杆子和枪杆子的问题。现在的笔杆子体现在移动互联网,体现在这些媒体平台操控的智能手机屏幕上。如果笔杆子有朝一日控制了枪杆子,问题的性质就会彻底改变。这是一个非常关键的问题。我就说到这里,谢谢。

主持人:谢谢凌斌老师,他进一步作了推进,让我们看到了移动互联网革命带来的更加深刻的社会影响。我们对言论自由的思考,都超过言论自由之后,涉及整个社会最根本权力的配置,即他所说的"最后的堡垒""最后的斗争""笔杆子""枪杆子"的问题。下面有请贾开老师。

贾　开(电子科技大学公共管理学院副教授):我先表达一下感谢,因为我是一个圈外人,从最开始参与讲座的评议,到后来参加沙龙,再到今天参加书评会议,我感觉是一步一步与大家更为亲近,从边缘逐渐靠近了各位的思想中心。因为时间有限,我谨站在自己的知识范围内或者自己的学习框架内谈一下对于左老师这本书的学习心得,以及对前面几位评议老师评议内容的一个看法。

我想先谈一下左老师的书的外溢影响。现在各个学科领域对数字化转型的议题都很感兴趣,但大家或多或少都有一个技术决定论或者数字决定论的思维。一谈"数字"或者"数字治理",或者更一般的"网络空间治理",都会有一个自动化、智能化的倾向,很难意识到或者深入到技术演化的内部加以分析。本书中左老师虽然聚焦表达问题,但也同时为分析数字化转型的相关议题提供了一个框架。左老师通过对历史的梳理,总结出表达权的分析框架包含两个问题:媒介的属性是什么,基于该属性应适用何种法律规范的标准。进一步的展开使我们更深入地理解了广播、互联网等不同媒介的差异属性,而这正是"决定论"思维下所欠缺的。我觉得这体现了该书对于其他研究的外溢影响。

然后我想谈一下该书对我的启发和思考,我主要针对最后一章。最后一章是围绕算法和人工智能问题,引发了我很多的想法。第一个问题,"媒介"和"内容"的边界划分标准是不是还适用?这个边界看上去很清晰,但在算法和人工智能语境下,可能会变得模糊,在很多时候可能没有办法分得很清楚。比如算法问题,如果我们把算法当作产品或结果,那"媒介"和"内容"的边界划分可能还适用;但算法本身可能不仅仅只是一个结果,而是一个过程。比如说谷歌的搜索排序结果,把谁列上去,或者谁排在前面、谁排在后面,这虽然可以被视为"表达权"来加以讨论,但如果再往后退一步,分析形成搜索排序的过程,你会发现这个过程就比较复杂。比如有研究指出,搜索黑人名字时,搜索结果会更多地与犯罪记录联系在一起,而白人名字就不会,由此产生了算法歧视。但它是怎么产生这种歧视的呢?并不是因为谷歌程序设计者主观地把这些种族因素放进去,其实际上是围绕最优化点击率的目标。当把这个算法放到环境中的时候,因为社会心理上人们更关注黑人是否有过犯罪记录,因此有更大概率点击相关链接,这一行为被反馈至算法并最终导致了歧视的结果。刚才胡老师提到要关心算法背后的政治经济学,与此也有很大关联。

如果将算法视为过程,那就对"媒介"和"内容"的分界造成了一个很大的冲击。这个时候不能把所有都归咎于谷歌平台,其事实上是参与内容生产的一个环节,而最终结果是在复杂的社会互动过程中所形成的。这个时候,我觉得不太能分清楚到底谁是"内容",谁是"媒介"。在这样的基础上,我们到底怎么再重新理解"表达权"以及更上层的一般性问题,我觉得可能会是新的挑战。

按照左老师的观点,这事实上也是一个边缘性问题。因为更多核心问题还在关注算法作为结果的情况。但伴随着数字化转型的推进,这样的边缘性问题可能会越来越重要。

如何解决?我的粗浅认识是,是否可能从关注算法作为言论主体或客体的分析框架,转向对于机制的分析与讨论。左老师在书中讲到的传媒学研究,其实已经在讨论机制问题,但还是以"媒介"为中心讨论传播的机制问题。现在我们关注算法,事实上讨论的是言论(或信息)生产过程的机制问题。这个时候不能将其截然分开,到底是谁在说什么话,重点是说话的过程是什么样子?因为只有分析这个过程可能才能更清楚地看到我到底应该保护什么,或者我到底应该把什么关键部分"摘"出来。在不同环境下,机制可能是不同的。门户网站、短视频平台、百度百科,虽然都是互联网形态,但是他们的信息生产和传播机制是不一样的,这也可能会带来"表达权"规则的不一样。

总体而言,最后一章对于我的刺激和冲击是明显的。前面各章对于我而言,启发也很大,赋予我一个分析的框架。最后一章聚焦算法,我更愿意把它理解为环境和规则的变化。在此基础上,可能未来还可以延伸出更丰富的研究内容。谢谢。

主持人:谢谢贾老师,贾老师关于算法治理方面有很多很好的研究,刚才他也进一步强调我们可以通过算法作为话语生产过程的角度来讨论生产机制的问题,重点不在言论媒介内容以及传统的区分。下面我们有请本单元第三位发言人沈伟伟老师。

沈伟伟(中国政法大学法学院副教授):非常感谢凯风举办这次活动!客气的话我就不多说了,直接"拍砖"。

左老师这本书,就像他在书里面讲的,是他自己对于整个美国言论自由传统的思考,首先有一个"破"的过程,然后再"立"。左老师的书,"破"做得非常好,破除我们学界,尤其国内学界对于西方言论自由或者美国宪法第一修正案的美好想象,甚至迷信。但是"立"的层面我觉得还是可以再往前推进一些,可以是增订版或者后续著作能够再努力的一个层面。所以我简单从两个方面来谈"立"的可能性:先从中国跟美国之间言论自由的不同来谈两点,之后我再谈一下中国和美国言论自由的相同点来补充另外两点。

首先,中美差异的第一点,书里已经谈得非常清楚,就是所谓政治言论为言论自由理论的中心,这是美国传统;而有着充分理论自觉的左老师,在中国语境下给出的答案是文化言论。事实上,在美国其实也有关于文化言论的思考,包括左老师在书中引用过的、方才胡凌老师也提到 Benkler 信息生产理论、Lessig 的 Remix 文化生产理论、还有左老师的老师 Balkin 提出的民主文化(Democratic Culture)理论。虽然这些都特别有意思,但我总觉得美国这块的讨论似乎跟中国还是存在一定的距离。我这里特别期待左老师在讨论中国的网络文化生产方面,能够再进一步。比如说左老师每天强迫自己看十分钟的B站、刷十分钟的抖音,让我们想起左老师的导师赵晓力老师为了研究网络法,亲身体验网络游戏,这跟最近特别火的社会学博士做美团骑手的研究其实是差不多性质,那么在我国比美国更丰富的网络文化生产场景里面,我们是不是能够提炼出一些关于中国网络文化的、能够超越西方传统言论自由讨论的理论。具体而言,左老师在书里面提到了美国言论自由三大传统:霍姆斯的思想市场理论,桑斯坦、费斯的民主自治理论,还有一个似乎逐渐被忽略的、承袭康德传统的自主理论。我觉得这些理论对于中国网络言论自由问题解释力似乎都不太够,尤其现在最主流的民主自治理论。而与我国当前网络发言的方式结合得比较紧密,似乎是更接近于自主理论,它是不是能和我国独特的网络言论自由现象擦出一点火花?这是我非常不成熟的关联性想法。

另外一点中美差异,值得作对比分析的,还有媒介。当然,媒介层面主要是在这本书的第三章里讨论的,熟悉左老师写作历史的朋友也知道,媒介这一章是左老师硕士时期的作品,尽管在成稿的时候左老师也作了一些更新,但是我总感觉在媒介这块的讨论还是以美国为主,其实还可以在中国层面更进一步,能不能跟中国言论管制区块化的监管模式和监管传统联系在一起?尤其美国的言论自由的传统从申克案开始,到现在已经一百多年,可以非常明显地划出一系列断代,比如报纸时代、广播电视时代、互联网时代。反观中国,如果用贝克的话来说,这种压缩饼干式的变迁是发生在差不多二十多年时间内的,这些媒介同时起作用,也导致了一个"九龙治水"局面,这里面有哪些微妙的可以提炼出公法意义上的理论层面的突破?尤其是刚刚贾开老师提到信息生产机制以及监管机构传统,是不是有微妙的关联,能够做出跟美国不太一样的东西?

这是我想谈的关于中国跟美国不同的部分。下面我再谈一下中国和美国相同的部分。

第一点是平台权力。我觉得刚刚凌老师已经说得很全面了,我只是作一个补充。平台权力真正大规模进入研究者的视野,尤其是网络法研究者的视野,也就是近十几年的事情。近十几年里面截取两个我觉得比较有代表性的事件。一是剑桥分析事件,剑桥分析事件中,Facebook 有 8700 万人的信息被不当使用,用于美国大选,之后有各种各样的讨论,但是其中聚焦的一点是发现公民的言论自由问题变成技术巨头的言论管控权力问题,这个权力与民族国家政府的权力存在一个张力。另外一个事件是 Libra 事件,其是从一个金融领域体现出来的巨头、平台对于传统的民族国家的政府挑战,这两个事情发生在国外。

但如果我们再比照一下国内,会发现非常有意思的重合,去年的这个时候我们正在上演类似剑桥分析事件的一个事情,那是去年"618"购物节之前,刚大家也聊到的这个微博撤蒋某热搜事件。本来操纵媒体或者管控言论就相当敏感,当某一天这些平台巨头也掌握了这个权力之时,传统国家可能会惊慌、可能会怀疑。在这个意义上,我想不管是我们国家的这个事件,还是英美的剑桥分析,甚至我们去看更近的封杀特朗普,以及封杀特朗普之后欧美领导人集体发声,本质上是同一个问题,是平台权力对传统政府权力挑战的问题。跟 Libra 事件相对应的中国事件,就是互联网金融公司对传统中国金融体系的挑战,其实也是同一个问题。我们从中可以看到的是,对于如此备受瞩目的平台权力问题,其中一个很重要的面向,就是与言论自由有直接关系,也与左老师在书中谈到的"国家—平台—个人"三元结构有关系。

另一点是中美当前需要面临的一个问题——信息战。那么,信息战意义上的言论自由,是一个以往不太受关注、而现在特别值得理论界研究的问题。我们传统意义上理解言论自由大都是在民族国家的范围内,但是互联网给我们打开了另一个世界,尤其从信息战的角度来说,很多的言论或者信息是完全可以超越民族国家疆界、完全跨越地缘政治的,在互联网场景下,国与国的距离被极度拉近。比如,以前俄罗斯对美国的威胁可能是在阿拉斯加的边界上,现在你会发现信息战直接可以打到白宫椭圆办公室,就像美国声讨其干预美国总统大选那样,它把整个地缘政治的问题给颠覆掉了。所以在此意义上,我们再来理解言论自由理论或者美国宪法第一修正案,我开一个不成熟的脑洞:美国宪法第一修正案甚至可以被看成是美国信息战的绊脚石,这个绊脚石从传统美国自由主义的理论里面是去除不了的,反而看到美国法学院里面相对比较弱势的保守主义学者,像哈佛大学的 Jack Goldsmith,他可能更能看清言论管控对于国家的战略意义。当然你也可以说自由主义可能会有一套它自己的方式消化掉宪法第一修正案对于国家安全的威胁,比如紧急状态,就好像4年前禁穆令一样,尽管反对种族歧视是美国最重要的政治正确,但是在面临紧急状态情况下,最高法官还是站在了特朗普的一边。但自由主义视野之下的美国言论自由理论,能不能在互联网这个大变局之下,在一个更大的世界范围内的言论管控体系之上来检验?它能不能有所突破?如果不能,这种自由主义理论的无力,是不是有助于左老师重新"立"起来关于言论自由的新思考,有别于美国自由主义传统的新思考,我觉得这个可能是另外一个"立"的可能性。

我就先简单分享这些学习体会,谢谢大家!

主持人:谢谢伟伟老师,他通过比较中美之间的不同和相同,指出了我们可以进一步去讨论和发展的重要问题,并且最后讲到信息战意义上的表达自由,这个确实非常重要。接下来我们有请田雷老师。

田　雷(华东师范大学法学院教授):亦鲁老师这本书去年刚出版时,我们的公众号推送过他的后记,当时在朋友圈刷屏了。后记一开始是这样写的:"我清楚地记得这一切是怎样开始的。"我这次重读亦鲁老师的这本书,也结合我近期的宪法教学和一点思考,我想提出一个问题,我们是否还能清楚地记得我国现行宪法是怎么开始的?

我们现行宪法是1982年《宪法》(以下简称"八二宪法"),其起草距今近四十年。取决于你的参照系,这四十年的时间可以说很长,也可以说不那么长。比如说,如果同美国现行宪法诞生的1787年相比,那我们的八二宪法还年轻得很。但这个学期给大一的学生讲宪法课时,我常常会有一种感受,这些出生在2002年前后的年轻一代到底能否读懂我们的八二宪法,对于他们来说,这部起草于四十年前的宪法,至少里面的某些条款,是否已经成为了某种"遗迹",是那个他们几乎无法理解的时代或世界的产物?虽然距今不过四十年,八二宪法起草的时代背景,基本上就是电影《你好,李焕英》中主人公贾晓玲穿越回去的场景,但因为中间这四十年的"翻天覆地",其对于现在的学生来说也许已经很难理解了。

在这个问题上,宪法学界也有责任。还是拿美国宪法做个对比,美国宪法已经运行了两百多年,美国政治目前很多问题,"坏"就坏在宪法这个根上,但围绕着美国1787年宪法的诞生,各种"经典"是非常明确的。假如一个年轻学者,要进入这个领域,他一开始的学术训练就是扎根于这一批"经典"的文献,比如《联邦党人文集》,比如马歇尔法院的里程碑裁决,包括林肯的论述,等等,这些文献是从来不会缺席的。所以美国这部古老的宪法,其实对于专业的研究者来说,并不"古老",至少其间的时间距离不会太过妨碍我们今天对其源起的认识。在这个意义上,我们的八二宪法虽然距今不过四十年,但却极难理解,因为我们不清楚围绕着这部宪法源起的"经典"是哪些,或者说我们的经典是比较混乱的,学者之间基本上没有共识,甚至也不乏数典忘祖的问题。

亦鲁老师这本书,在我看来,最突出、最例外,也可能构成他接下来进一步探索的章节就是第二章。在这一章中,亦鲁老师作了一个示范,就是如何就八二宪法的具体条款进行研究,无论是作为读者还是同行,我读起来都很受启发,也希望将来力所能及的话,也就某个或某几个条款进行如此细密的研究。在这里,我想针对这一章中的一个注释,从这个小问题谈谈自己的一些感想。

在这一章中,亦鲁老师多次引用了彭真的论述,彭真同志是八二宪法起草的主持人,对于我们理解八二宪法而言,彭真的意义可以说是怎么强调都不为过。我这里就亦鲁老师的相关引用谈一点自己的感受。

对彭真论述的引用在书的第二章中反复出现,作为起草八二宪法的主持人,彭真的相关论述可以帮助我们理解很多问题,这毋庸置疑。对于彭真的文献之于现行宪法研究的意义,这一章的论述作出了很多实例展示,很生动,也很有说服力。不过我在这里要说一个格式问题,亦鲁老师引用了彭真在 1982 年 11 月 26 日的一个讲话,也就是宪法草案起草完毕,最后提交全国人大表决时彭真代表宪法修改委员会作的一个"报告",全称是《关于中华人民共和国宪法修改草案的报告》。这个报告当然很重要,在我们可见的彭真的文献中,可以说是最重要且最系统的。我在这里商榷的是这个文献的出处,亦鲁老师在这里用了一个"转引自",在书的第 84 页的第一个注释,亦鲁老师在引用彭真这篇"报告"时,文献出处指向了一本"文献通编"的材料集。这个引用当然没有任何不准确或者不规范,但它不够正宗,这就好像你引用麦迪逊的《联邦党人文集》第 10 篇去理解美国宪法,结果文献出处标了一个某某学者编的材料汇集,问题就是为什么不直接引用 The Federalist Papers,不直接引用《彭真文选》呢?这么说大家可能更容易明白些。由此是否可以说,亦鲁老师在引述彭真时还是首先为了证明他所要证明的某些观点,比如八二宪法的起草者是非常重视序言的,因此序言无效说很难成立,而不是发现彭真怎么想,想彭真为什么这么想。对八二宪法的研究某种程度上要求我们先去注释彭真,而不是用彭真以及当时的材料去论证我们已有的观点。

最后还有一个问题,亦鲁老师刚才也讲到了,这里有个"饺子"还是"汉堡"的问题,这一点我深有同感,也觉得是个难题。尤其是看第二章,这本书研究的到底是什么,当我们用 freedom of speech 或者 free speech 来表达时,可能一开始就是一种被设定的东西。这个东西到底是什么,又要怎么表达出来,我们所能基于的文献到底有哪些?我觉得都是我们接下来研究现行的八二宪法所要去摸索,在具体的写作中去触碰,并相互讨论和辩驳的。

主持人:谢谢田老师,田老师带我们一下子穿越回去了,前面我们都在移动互联网时代,结果马上回到制定八二宪法的1982年。

第三单元

魏磊杰(厦门大学法学院副教授):读完亦鲁兄的这本书,感触很多,接下来主要从两个维度来谈。一个是政治经济学的维度,一个是法教义学的维度。过去两三年,我都在做中国语境下的权力与资本关系的研究,所以先从政治经济学的这个维度来谈。

在此书中,亦鲁兄指出,互联网对"街角发言者"的突破主要体现在"个人 VS 政府"的传统二元关系逐渐转为"个人—企业—政府"的三元关系。在我看来,这里的"企业"完全可由"资本"加以替换。在移动互联网时代,针对资本,政府往往扮演两种相互间可能存在张力的角色:作为监管者的政府与作为同谋者的政府。

首先,谈一下作为监管者的政府角色。这一点,中、美两国很像,刚才凌斌老师也谈到了,我和他阐释的思路基本差不多。鉴于改革开放之后,无论对外还是对内,中国政府都秉持一种重商主义的政策路径,所以,互联网在中国兴起之后,政府最初采用的是一种放任的态度,而放任的最终结果是互联网金融资本的野蛮生长。2016年戴立忍事件和2020年的张大奕事件,都可谓互联网金融资本试图利用自身资源控制舆论、操纵舆论的典型表现。所谓"奕手遮天",这个网络造词最为生动地表现了这一点。在中国这种特殊的政治构造下,必须要"节制资本"。

对此,原因有二:一方面,在内忧外患的语境下,为了将业已进入深水区的改革在国内继续稳定推行下去,为了应对美国咄咄逼人的外部阻遏,意识形态层面的权力集中,在很大程度上可以说是必要的。这也就是刚刚凌老师所谈到的,至少不能让"笔杆子"掌控"枪杆子"。根据我的理解,就是不能放任大资本控制或操纵社会舆论,进而僭夺原本应当服务于人民利益的权力。另一方面,就是中华人民共和国的政体本质使然。亦鲁兄在这本书中也提到了,我国绝大多数机关的名称中都有"人民"二字,如人民代表大会、人民政府、人民法院和人民检察院等,这就是说"人民共和国"始终应当是为"人民"而服务的,而非为了"资本"或其他利益集团。所以,为人民服务,就必须践行人民民主专政,而人民民主专政当下的主要体现就是"节制资本"。"节制资本"体现在官方话语层面就是要树立"风清气正的政商关系",处理好权力与资本的关系。

其次,我再谈一下作为共谋者的政府角色。斯诺登事件和维基解密事件,都较为充分地说明,美国在驱使媒体资本充当自己的打手或帮凶方面,做得很好。换言之,美国政府对内作为监管者可以控制媒体资本,而对外它可把资本收为己用,用来监控全球,服务于自身的全球战略利益。相比之下,中国在这个方面表现得相对较弱。原因何在?主要原因可能在于中美政体存在实质差异:美国是资本主义体制,最终服务于大资本,而中华人民共和国本质上是人民的政治,根本上是为了人民服务的。

接下来,我尝试从法教义学的角度来谈一下。因为我是民法出身,感觉到本书的中心议题"表达权"本质上可以具体化为公共知情权与隐私权的博弈问题。我的基本观点是,从原先的街角到现在的移动互联网,改变的只是对于如何管控的影响,但最终在具体司法纠纷上却没有实质性的更易。也就是说,表达"平台"的变迁,并没有实质性地撼动传统意义上的侵权认定模式。

侵犯隐私的行为在什么情况下可以免责?根据民法学界的通说,隐私侵权的抗辩事由大体有三:一个是已披露的信息。司法裁判是否应当公开、公开到何种程度,就关涉这个问题。因为审判信息是已披露的,在公开审判之时就已经首次披露了,所以,现在司法文书除了未公开审判或者性犯罪的受害者需要匿名外,其他的一般都是可以公开的。这一点中美两国没有太大差别。第二个事由是公共事件,有新闻价值的事件暴露出来并不算侵害隐私。这一点,中美之间整体差异也不大。刺杀福特总统未遂的罪犯被曝出是同性恋,此人以侵害隐私权为由诉到美国法院,美国法院认定这是一个具有新闻价值的公共事件,所以并未判定侵权。我国也有类似案子。无锡一家报纸以图文方式报道当地"今春的第一场雪",结果在图片中出现的正在牵手散步的男女事后被认出各自都有家庭。为此,当事人诉至法院,请求认定媒体侵权。虽然第一场雪是具有新闻价值的公共事件,但因在择选图片时刻意放大了其中的人物,进而超出了公共事件的底线,所以,法院最终认定其侵权。第三个是公共人物,这一点中美之间是不一样的。通过检索现有的案例,到目前为止没有一个隐私侵权案件是针对政府官员的。这是中美之间政治构造与政治文化最大的不同。

那么,我的基本结论是什么呢?亦鲁兄这本书主要聚焦传统街角模式到现今移动互联网模式的变迁,此等变迁的主要影响体现在行政管控范式的转变,但在权利的具体落实层面,即使自媒体、移动互联网的出现,在实际上也没有实质性地撼动传统的侵权认定模式。

以上是我从两个宏观层面谈的一些看法,仅供批判,谢谢大家。

阎　天(北京大学法学院助理教授):感谢会议主办方,我终于有机会跟左老师表明一下心迹了。我就讲一个问题:为什么左亦鲁的书这么不招人待见?你不可能只去影响支持你的人,肯定也要尝试理解不大支持你的人:他们到底是为什么?我觉得这是因为左老师有三宗罪,它们的关系是递进的。

第一宗罪是炫技。这个书太不好懂了,症结是逻辑上一次拐了两个弯:第一个是从没理论到有理论,第二是从言论自由所谓核心地带的理论到边疆地带的理论。这两个弯拐得太急、太大了。我老跟左老师说要考虑读者,既然选择使用中文来写作,就要考虑读者普遍对言论自由知道多少。就我来说,首先是知道"清楚且现实的威胁",这个学说被无限扩大了;然后知道思想的自由市场理论,据说是霍姆斯说的;再后是知道《纽约时报》诉沙利文案,大致是说诽谤官员不用担责;最后是知道学术自由。作为读者,我大体上也就这个水平,这很可能也反映了普遍的情况。左老师你这个书拐得弯太多了,给别人的感觉是你在炫技,仿佛你比别人更聪明。你确实比别人更聪明一些,但是不能让人感觉到。

第二宗罪是篡权。左老师拐了两个弯,差点把读者弄晕了,他到底是什么企图?简单来说,他要改变言论自由的通行概念。言论自由是宪法学大厦当中最重要的几根支柱之一,对这个概念的定义权本身是一种巨大的权力。左老师搞出一个新的言论自由概念,其中最令人侧目的是改变了对学术自由的理解。他把罗伯特·波斯特的民主胜任理论借来并加以发挥,无非是说有些人如果根本不能胜任学术工作,还要什么自由?还民主什么?这太犯忌了。

篡权的目的是什么?第三宗罪就是谋私。左老师之所以改变言论自由的概念,是为了往言论的规则里放一些新的价值。我虽然不是研究言论的,但是我感觉用自由这个概念想要驾驭这么复杂的言论现象恐怕不行,特别是在互联网兴起以后。类似地,比如性别问题、少数群体问题都已经很难用一个平等的概念就驾驭得住。举个例子,言论自由和商战、和劳资博弈密切相关。通常认为工会有言论自由,可以批判资本等,但是工会对自己人讲言论自由吗?工会罢工的时候就像一支军队一样,不许会员发声,怎么把这种像战争一样的言论形态用自由来概括?左老师讲所谓的文化领导权等,本质上都是想要去解读我们今天对言论的实际理解,肯定不是只把言论当作一个自由问题。

左老师这三种罪怎么处理?对其不能数罪并罚,还是要想不同的办法。对于第一宗罪,我一直建议左老师退一步,要考虑大部分读者实际的水平。左老师竟然听进去了一次,好像效果还不错。我希望每年都说服左老师写一篇像我这样的读者、像宪法学界大部分读者都看得懂的东西。

对于第二宗罪,我个人觉得这个问题不能退,反而还需要进一步。如果今后学过宪法的学生谈起言论自由的时候,在我刚才说的四件事之外能够多知道一两件事,而新增的是左老师教给他的,那么左老师就作出了真贡献。教义化或许不该走极端,但是你写的东西如果真能变成教义,也是一个贡献,毕竟实现了知识增量。

对于第三宗罪,我觉得需要上一步:这个东西不是给学界讲的,建议左老师把这个讲给愿意听并且应该听的人。

我想最后再占半分钟来表白一下。自从认识了左老师之后,他就开始写这本书。十多年来,左老师给我的生活带来了很多变化,让我过得更加有趣、更加有用,也更加有靠。我很荣幸参加左老师新书的研讨,我会尽快提交书面的书评。

于 明(华东政法大学法律学院教授):刚才听了大家的讨论也是很感慨,很高兴参加这个会,也很高兴读到左老师这本书。读完以后感觉这本书最大的好处,就是大大拓宽了知识的边界,改变了过去我对于言论自由的理解。我觉得好书就是这样,虽然这些问题并不是我特别熟悉的,我对言论自由的问题、网络法的问题都不太熟悉,但是看了以后确实有很多的感想。

刚才左老师也说到的,这本书目前比较大的一个问题是,主要还是借助美国的材料在说话,做的还是"汉堡",或者说是中国口味的"汉堡"。但左老师未来是希望把它做成"饺子",或"韭菜盒子"的,希望真正建构起中国的表达自由的理论。实际上,我读到这本书时,也会去思考这个问题,如果要写我们中国的表达自由,会是什么样子呢。

左老师说,西方古典的言论自由的经典形象是"街头发言者",是站在肥皂箱上发表演说或散发传单的人。那么我也会想,中国传统社会中的表达自由的经典形象会是什么呢?我觉得应该是一个诗人的形象,是一个处江湖之远的诗人。这个形象正好和这本书中概括的"街头发言者"的几个特点形成鲜明的对照。

第一,街角发言者的地点是在闹市街头。而中国最古老的表达自由是在诗歌之中,也就是古人说的以诗言志、诗可以怨,但诗歌恰恰不是在街头的,一定不是在街头大声朗诵的,它是在民间流传的,以民歌、童谣的形式传播,甚至没有作者。它的表达者可以是居庙堂之高,也可以是处江湖之远,这是它与西方传统很不一样的地方。

第二,从表达内容来说,街头发言者表达的是政治言论,尤其是那些对抗性的政治批评。但是中国的诗歌传统恰恰是一种文化言论。左老师在书的第二章已经讨论了文化言论问题,并将其与政治言论区分开来。但在中国的传统中,两者恰恰是合一的。文化言论就是政治言论,政治言论就是文化言论。对于政治的讽喻,恰恰是通过文化言论表达出来的。如果没有这种自由,就很难想象宪法序言中说的中国是"历史最悠久的国家","创造了光辉灿烂的文化"。

因此,如果左老师要继续包饺子,探索中国的表达自由,或许可以从这一方面作些拓展。世界各国都有诗歌的传统,但大量的政治讽喻诗是中国古代诗歌的特点,其数量之多在荷马史诗或印度史诗中都是看不到的,这也是中国最有生命力的政治传统。我们读《诗经》中的《伐檀》《硕鼠》,至今都可以感到这种生命力。杜甫的"三吏三别"也是这个传统。所以有学者把《石壕吏》解读为人民对国家征兵行为的认可,人民群众都感到无法忍受,就是因为这些解读背弃了诗可以怨的传统,丢掉了诗歌最具生命力的东西。

为什么要以文化来表达政治意见？这或许和中国古代的政治传统有关，西方的城邦是民主制，是广场政治，因此习惯于极具对抗性的表达。中国传统是君主制，因此更善于讽谏，更注重温柔敦厚，注重言辞的可接受性。古代的明君也往往重视这种表达。左老师在书中说传统的言论是"政府—公民"的二元，现在网络言论变成了"政府—企业—公民"的三元格局。实际上，中国古典的传统也是君主、官僚和臣民的三元结构。聪明的君主都明白，官僚才是言论的最大障碍，君主能听到的一定是经过层层过滤的，《邹忌讽齐王纳谏》讲的就是这个道理。

这个传统在今天依然影响着我们。就像亦鲁研究的网络言论，什么样的网络言论最有生命力？一定是最具讽喻、最生动的修辞最具生命力，因为这才是中国的传统。网友自发创作的充满讽喻的段子，才是人民喜闻乐见的表达。面对"996是福报"的言论，人民群众创造出"我们都是打工人"的反讽。"没有困难的工作，只有勇敢的打工人。""累就对了，舒服是属于老板的。"这不就是今天的"坎坎伐檀兮"么？不就是"彼君子兮，不素餐兮"么？

所以我觉得左老师将来如果把这本书继续扩展，很重要的就是要回到中国古典的传统，以此为起点去建构中国的表达理论，去超越"街角发言者"。如果能够这样做的话，也许就能把饺子包得更好点。

我就这点建议。谢谢大家。

岳　林（上海大学法学院副教授）：很早就认识亦鲁，当时他还是本科生，即将读研。当时流传一个说法：美国最好的法律教授都在研究美国宪法，中国最好的法律学生也应当研究美国宪法。或许是因此，亦鲁从那时就开始研究美国宪法，直到今天。我对美国宪法则敬而远之，只敢远观。最近几年，和亦鲁的交集又多了起来，因为他也开始关注网络法了。平心而论，网络法研究的门槛相对较低。所以我也会想，做美国宪法的来研究网络法，算不算"降维打击"？

不过网络法和美国宪法确有共同之处。所谓"宪法"，如果从"宪制"（constitution）角度去理解，那么它就是一种制度、架构、程序……是一种把人口、土地、资源等要素整合在一起，从而构成国家的方式。而网络法的核心概念，就是劳伦斯·莱斯格所说的"代码"（code）或者"架构"（architecture）。无论计算机还是互联网，都会呈现出某些结构化的特征，例如可分为物理层、数据层、应用层等。莱斯格在《代码2.0》这本网络法奠基之作的开篇提到，自己是一个"宪制主义者"（constitutionalist），并坦言自己是从宪制的角度来观察和理解"网络空间"（cyberspace）的架构。

所以亦鲁这本《超越"街角发言者"》想要超越的对象，不仅是"街角发言者"这一司法裁判标准，还包括片面强调规范研究的法学范式。我们不能只关心宪法的文本、规范、概念、理论和案例，还需要从宪制和架构角度出发，去观察、分析技术因素——特别是"媒介"（media）——对法律制度的影响。否则，无论法律实践还是法学研究，都会不接地气，跟不上技术变迁和社会变迁。

亦鲁的另一个尝试，就是试图把"美国问题"变成"中国问题"。"言必称希腊"或者"法律移植"的年代已经过去了。现如今，纯粹的外国法问题研究，已经很难被中国法学界的主流所认可，甚至连发表出来都很困难。毕竟，美国法官在解决言论问题时所使用的司法工具，在中国几乎毫无用武之地。而发生在美国的一些言论问题，在中国可能就不会或者无需被司法化。如果照搬美国司法经验，那么就是"直把杭州作汴州"，所以学到的知识也不过是"屠龙之技"。

但问题往往是这样：某些言论，在一些国家是合法的，在另一些国家则是非法的。或者，某些表达方式，在一些国家被允许，在另一些国家则被禁止。如果我们只是把某一国法律中关于"言论""表达""权利""自由"等概念的定义视为唯一正确标准，那么就很容易得出结论说，其他国家没有言论权利或者表达自由。安守廉（William P. Alford）的《窃书为雅罪》从政治和文化层面论证了，为什么中国古代社会没有现代意义上的知识产权制度。马克斯·韦伯作为"西方文明之子"，也论证过为什么古代中国没有产生西方式的资本主义或者法律制度。这些研究背后都预设了一个前提，即把西方社会的某些特殊性假定为人类社会的普遍性。西方人类学家倒是主张，西方人不要轻易用自己的价值标准和话语体系来评判其他社会，例如马林诺夫斯基论证了原始社会也存在法律，巴林顿·摩尔论证了原始社会也存在隐私。这里呈现出来的，就是西方中心论与文化多元论之间的分歧。

如果我们采用的是宪制或者架构的研究视角，那么一方面，有助于我们摆脱西方中心论或者本土论的片面性，有助于我们更深刻全面地理解美国问题和中国问题；另一方面，也有助于我们打通美国问题与中国问题之间的隔阂，看到二者之间的共通之处，从而进行更加整体全面的理论探索。关于宪制的比较研究，近年来学界已有许多成果，这里无需我来赘述。我想解释的是，为什么从计算机网络的"架构"出发，也能把中国、美国以及全世界其他国家的问题进行整合,从而提炼出一般化的理论命题。

计算机和互联网运作的本质,在很大程度上,就是处理信息、传递信息。如果我们把国家视为一台机器、一个网络,那么所谓"言论"(speech),也就是某种信息处理和信息传递机制。任何人类组织,无论古代国家还是现代国家、东方社会还是西方社会、君主政体还是民主政体,都需要内在的信息机制。人总要说话,经验总要积累,知识总要进步。在这个意义上,古代社会的诗歌、戏剧、音乐、绘画、雕塑,也都承担着信息表达和传递的功能,而且其中许多信息,都是对政府行为的反馈,因此也可以视为"政治性言论"。彻底没有言论或者表达自由的社会,是不可能存在的。亦鲁这本书的贡献,就是让我们能够看到,人类社会的宪制与计算机、互联网的架构之间存在着密切的互动关系。也正因为如此,亦鲁分析美国司法是如何从"街头发言者"模式向"基于媒介"模式转型,这貌似是一个美国问题,一个并非普遍化的特殊现象,但我们依然可以从中发现人类社会某些普遍化的现象或者趋势。

譬如无线电作为一种媒介,在物理属性上即具有稀缺性。而且,无线电广播节目是从一个中心(例如某个商业频道)出发,单向且主动地向社会广泛播出,是一种精英面向大众的信息传播方式。因此美国法律决策者才会考虑到,应当让多种不同的声音出现在无线电频道上。而电视机的时代来临后,情况就不一样了。特别是当有线电视网络普及后,信息传播与信息生产逐渐分离,这就体现为有线网络运营商和电视节目内容商分立为两个不同的法律主体。运营商给用户接入网络信号时,可以有选择性地屏蔽内容商的频道;反过来,内容商也可以通过与运营商合作的方式,来打击信息生产层面的竞争对手。所以美国法院在解决与言论有关的纠纷时,必须要考虑到媒介技术变迁对信息传递机制的影响。美国法问题本身当然是特殊的,但信息技术架构却在很大程度上具有普遍性。也正是在这个意义上,美国法中的技术问题,对中国或者其他国家而言,当然也是具有理论价值的。

互联网作为媒介,对言论的影响更加深远。在互联网发展初期,人们一开始都倾向于认为,互联网应当或者必然是开放的,让信息、数据、知识、内容充分流动,甚至"万物互联",从而实现"世界是平的"。在这样一种技术基础(但也可能仅仅是一种技术想象)之上,人们才提出了"网络空间独立"(Independence of Cyberspace)或者"网络中立"(Network Neutrality)等制度设计。与无线电频道相比,网络站点并不具有稀缺性;与电视台相比,网络站点又具有更强的互动性。因此,网络空间中的言论关系,就不再适用前互联网时代的法律规范了。但是,正如莱斯格敏锐指出的,互联网具有可规制性,信息技术也具有可塑性,互联网架构完全可以被设计成一个封闭的、割据的、强硬的控制系统。技术哲学家兰登·温纳也提醒我们,技术本身就是一种立法,它会影响到人们的行为方式、社会关系和政治体制。信息网络技术的未来充斥着各种可能性,关于言论的法律规制模式也是如此。

亦鲁这本书中,还提出法律不能局限于政治言论,还需要关注文化言论。这一判断,也与网络时代的诸多新现象相契合。譬如说,身份政治(identity politics)的兴起,促使人们在公共空间中的言论更加审慎,尽量不去触碰和性别、性取向、种族、宗教、年龄相关的敏感问题。而传统意义上的文化领域,现如今也已经高度政治化了。譬如娱乐圈或者体育圈的明星,就频频卷入公共政治议题,要么主动发声"带节奏",要么被动成为政治争辩的"炮灰"。在法律上严格区分公共与非公共,或者政治与非政治,已经越来越困难,甚至没有太大的意义。因此,亦鲁这本书为我们开辟出来的研究进路,还远远没有完。

最后,我想举一个例子,来说明亦鲁的研究可以应用于中国,可以有助于解决中国的法律问题。目前娱乐圈和法律圈(据说现在它们都是一个圈子)共同关心的一个话题,就是长视频与短视频之争。长视频背后,不仅是传统的电影、电视剧制作单位,还包括爱奇艺、腾讯视频、优酷这样的视频平台。而短视频背后,则是抖音、快手和 B 站这样的视频平台。在短视频平台上,我们可以看到许多"五分钟让你看完这部剧"之类的短片,让用户可以在短时间内了解一部电影或者电视剧的内容。在算法的帮助下,短视频能够在社交网络中迅速传播,抢占人们的碎片时间。但问题是,大多数短视频制作者都是网络用户,不是短视频平台本身。而且,短视频使用长视频的片段或者素材,大都未经授权。目前法律界讨论较多的,就是短视频是否构成著作权侵权或者合理使用,以及长视频与短视频平台之间是否存在不正当竞争。如果我们借助左亦鲁的研究视角,那么不难发现,长短视频之争其实也是一个言论问题,而且还是文化言论问题。长视频目前代表的,更多是精英阶层的话语权,而短视频代表的更多是草根的声音。从架构(也即媒介)层面看,长短视频之争之所以兴起,关键原因就是移动终端、人工智能和无线网络等技术的发展与普及。只要这一技术架构不会发生根本改变,那么短视频的前途似乎依然是光明的。实际上,长视频平台近几年也一直在尝试自己的短视频项目,只是不太成功罢了。

或许,在中国,我们无法把长短视频之争作为一个宪法问题或者言论问题来解决。但是,当我们处理著作权问题或者不正当竞争问题时,也应当注意到这里存在的宪制问题或者架构问题。

总而言之,亦鲁这本书给我们带来许多启发。它促使我们更关心技术,更关心那些"硬的法律"。同时,它也促使我们去"超越"既有的法律工具,哪怕是那些我们已经非常熟悉、非常好上手、非常依赖的法律工具。

总　结

苏　力(**北京大学博雅讲席教授**):很高兴应邀参加这个会。因为这个会,我才比较仔细地去读了这本书。我觉得这是一本很好的书,有追求,有拓展,大大推进了相关的宪法、宪法性法律及其与其他法律重叠问题的研究,可以说在一定意义上重构了这个领域可能的学术空间。

我也知道这本书在目前法学界不大可能受关注,甚至会觉得你太"边疆"了。你去占领边疆,恰恰给其他人腾出了中心的空间。不过,整个中国社会正在发生变化,我觉得可能就像左老师做的工作,以及其他各位做的工作,如果能够继续坚持,在今后的研究中贯彻和不断推进,有十年到二十年左右的时间,这个局面会大大改观,甚至会成为中国学术文化和宪制研究的主流。这就是一种创造。1954 年,第一届人民代表大会开幕式上,毛泽东说,我们正在做前人从来没有做过的事情,这很可能是近代中国人最豪迈的一句话。这种可能性,这种潜力,今天日益显著,日益增大,关键在于我们能不能做好。不仅因为现当代中国的伟大变革,而且因为中华民族的历史经验,以及当代中国人对外国的了解——在我看来,如今很少有哪个国家的人像现代和当代中国人这样,努力、深入、全面地了解外国,包括了解古希腊、古罗马、欧洲中世纪和现代世界,但也正在这个过程中,增进了对本国文化的理解。不管身处何地,即使对中国现状不满,中国人也在结合国内外各类经验和观察,不断思考中国有什么样的可能性,这对于未来非常重要。

我读这本书,包括听大家的讨论,也很受启发。我过去也写过一些论文,涉及了各种有关表达的问题,如《秋菊打官司》引发的肖像权问题,《无极》引发的戏仿问题,芭蕾舞《红色娘子军》创作与改编的产权边界问题以及其中隐含的创作激励问题。夸大一点说,那基本是我这代人对表达自由问题的理解的边界了。现在社会也正在发生变化,新的问题需要新的研究。

我自己还想提一个意见,我觉得左亦鲁老师在拓展这个问题的时候,需要考虑,到底什么是真正的宪法性的问题?什么问题是宪法与其他法律重叠形成的问题?研究比如说广告、著作权问题等,当然是相关的,但在这个讨论过程当中,也可能会把宪法性质的问题给淡化了。表达自由当然涉及很多问题,也都很重要,在具体案件中,就边际的成本收益而言,甚至很难说哪种表达更重要。但我自己感觉,若从国家的政治文化整合这一维度切入,也即我所说的宪制维度,表达核心问题则是社会和国家的治理。刚才,茶歇聊天时,我就说,在历史上的农耕中国,表达在家(也即村落社区)和国(政治共同体)分别起作用。在农耕村落社区,人们的日常言论表达,就是家长里短,风言风语,就是"好事不出门,坏事传千里",形成了每个人成年人或其家庭(也可以算是一个"企业")的声誉,在一个鸡犬之声相闻,老死不相往来的社会中,这就是一种替代性的社会控制系统,因为国家不可能管到民间去,尤其是人们的日常生活交往,也不可能经常用"以牙还牙,以眼还眼"的暴力威胁,因此舆论机制是一个更有效的社会控制和规训或管教机制,谁讲信用,谁不讲信用,谁有外遇,谁说话算数,谁家教严格,等等,这些社区公共品的提供,主要通过言论。在村落里面,一般也就一百多人到数百人左右,他们没法了解,因此也不大关心国家的事情,现实的表达就是这些家长里短。但对于"齐家",这些言论意义重大,至少可以替代某些更直接强制性暴力。

在"治国"这个维度上,表达问题则可能是更政治性的,以及更文化性的,两者有助于历史中国的政治共同体和文化共同体的建构。从政治层面看,统治者如何获得全国各地的信息?民间究竟有什么疾苦,有什么灾难? 如何借助保持信息渠道畅通,避免巧言令色的官僚欺上瞒下、变相削弱帝王代表的中央政府的权力? 如何让皇帝以及以他为中心的政治决策集团能听到并听进去真实和准确的信息,及时作出有效的决策? 商鞅当年同秦孝公三次对话后才得以重用;韩非子撰写《说难》《初见秦》;汉文帝对贾谊"不问苍生问鬼神";以及主父偃直接上书汉武帝,搞推恩令,一年内四度升迁;等等。这些例子都表明,此类政治言论对于农耕中国的构成/宪制/constitution 高度重要。

由此甚至还可以理解秦始皇统一文字,以及春秋有"雅言",历代均注重"官话",这些"事"本身不等于言论,有点像今天的"平台"。这更不等于自由,一定意义上还完全可以指责它压制或限制了言论的自由(至少减少甚或消灭了异体字和方言的表达),但对于历史中国的政治文化构成都是意义重大。各位想一想,如果当年早期北美殖民地不是统一使用了英语,而是任由欧洲各地移民使用各自的语言文字,北美印第安人或其他土著也各自使用其语言或文字（如果有文字的话），很可能就没有一个美利坚合众国，很可能最多也就只有一个类似欧盟的"美盟"。换言之，有时，看起来表达的某些限制，如统一文字、官话，其效果也可能是促进言论的表达。如果不是新文化运动推广白话文、打压文言文，中国人文化普及和扫盲就不会推进得那么快，甚至我很难想象文言文表达的诸多自然科学和技术学科。于明刚才也讲到中国的"诗可以怨"的传统，这也是历史中国的言论表达问题。

以上的简单分析表明，在中国历史上，言论既是社会管控的机制，也在建构和维护中央集权大国的政治权威。这就把言论表达同历史中国宪制问题勾连起来了。有了在中国语境下理解言论表达的新的可能。这表明言论表达问题，或许并没有一种本质主义的宪制理论解说框架，除了霍姆斯的框架，还可能有其他的宪制理论解说框架。在美国的言论自由理论框架下，政治捐款就是言论，但在中国，我们这些学过美国宪法理论的人，可以把政治捐款同表达自由勾连起来，但很难让普通老百姓接受并相信，政治捐款是言论，他们很可能从一开始就认定这是腐败的开始。从这种认知和判断的差异可以看出，表达自由这个词是普遍的，具体表达的社会功能却与国家的政治结构紧密相关，其正当性和合法性也与之相关。这些可能为在中国研究表达理论提供了新的切入点。

左亦鲁老师以及其他各位学人今天已经从很多方面拓展了表达权研究。但还有一方面，今天虽然也提及了，但没有太多讨论。这就是表达自由在当代，已经有国家安全和信息战这个维度，换言之，言论表达，已经无法限于一个政治共同体内部，单纯由共同体的成员就其关心的各种问题表达自己。"颜色革命"

的历史表明,有时,最有影响力甚至颠覆性的言论也许来自外部,目标不是维护一个政治共同体的构成或宪制,而是拆散摧毁这个政治共同体的构成和宪制。或套用霍姆斯的话来说,不是为了创造和维护一个言论的市场,而是要破坏这个市场。并且,似乎没有哪个国家可能避开这一言论引发的风险。不论真假,至少特朗普上台和下台都一直伴随着此类指控或传言。这不仅是全新的言论问题,更可能是重大的社会和政治风险问题,值得我们的进一步关注。

今天这个会开得非常好,大家都谈了很多实实在在的东西,很坦诚,把各种观点都摆出来,这是很好的风气。祝贺这次会议!

信息向左,表达向右?
——评《超越"街角发言者"》

戴 昕[*]

在《超越"街角发言者"》中,左亦鲁博士致力于为读者"构建一幅更加完整的表达自由图景"。(第4页)这样的学术努力之所以有价值,是因为无论在政法理论还是公众话语中,表达自由这一经典宪法课题都长期面临简单化叙事的诱惑。在自由至上的意识形态框架内,表达自由不仅是天赋人权、天经地义,而且打起价值排序的牌来,还常要力压其他政治、经济、社会价值,成为王牌(trump card)。这种表达自由绝对主义(free speech absolutism)的立场[①],易于表白,感人至深,且利于传播、过目不忘。

但落实到制度实践层面,法律就不只需要表白理念,还得应对经验世界。这使得表达自由法(free speech law)作为一项制度,特别是在美国这样诉讼活跃的法域,往往呈现出丰富、杂乱甚至有时无序的面貌。仅从美国法学院的教学安排观察,"表达

---

[*] 北京大学法学院副教授。邮箱:xindai@pku.edu.cn。
[①] See Zachary S. Price, "Our Imperiled Absolutist First Amendment", University of Pennsylvania Journal of Constitutional Law, Vol. 20: 817, 818 (2018).

自由"(Free Speech)或"第一修正案"(First Amendment,这门课还会包含言论之外的宗教条款问题)通常是宪法学基础课外另行开设的课程,其专门的案例教科书也不比宪法基础课教科书薄多少。这说明表达自由在制度实践层面并不只是坚定理想信念、站牢原则立场这么简单。

研究对象复杂令学者感到兴奋。但学术研究的目标则是提供有序的梳理、组织和解说,以帮助人们有效地理解复杂事物。具体到表达自由这一课题,《超越》为读者提示的理解进路,是将关注与想象从表达自由问题的传统中心——政治表达——迁移、扩展到边缘地带,而后者不仅包含商业广告、色情制品、侮辱诽谤等经典非政治性表达问题,也包括搜索算法这种因为前沿(frontier)而靠边的新问题。借助"中心—边缘"这一分析框架,《超越》提示我们,表达自由理论一直以来受到为(至少是自认的)公义、真理振臂高呼的"街角发言者"这一意象的过度束缚;但只有重视边缘与中心的区别,才能妥善处理两个地带各自的问题,并进而通过耕耘边缘地带,使之成为孕育新理念的腹地,并从此发起对中心的反思和反哺。

笔者对"中心—边缘"框架的学术立意和智识抱负高度认同。基于这一框架的启发,以下评论希望初步探讨、继续深化和拓展表达自由理论的可能方向。正如《超越》在序言中提示的,"中心—边缘"并不只是一种进行平面观察和描摹的视角,其中蕴含了权力结构,而由此必然生出张力、指向潜在异动。(第5页)但塑造并维持这种权力结构的制度逻辑和制度策略是什么?为什么在张力之下,表达自由中心地带的绝对主义思维能够长期坚挺,并对边缘持续辐射影响甚至形成支配?如果面向未来的表达自由理论有超越"中心—边缘"格局的雄心,那新的范式又可能是什么?笔者终究还在指望,作为表达理论专家的左亦鲁博士,能在未来作品中对上述问题给出更到位的解说。但在看完一集等下一集的间歇,玩味不误前瞻。

一、"边缘拱卫中心"

《超越》延续了表达自由研究领域以美国宪法作为重要、甚至主要素材的做法,但也言明了指向中国的问题意识(第11页):关涉"表达自由"的大量争议问题,发生在政治言论之外的领域;而相比美国,中国学界对边缘地带的关注更为不足。许多在美国宪法中以"表达自由"为名目出现的法律争议,在中国其实一直未被"表达自由化"。例如《超越》第一章中讨论的商业广告规制,在美国法上无疑是表达自由制度的重头内容("商业言论"/commercial speech)。而中国法律规制广告虽然有些年头❶,但到了20世纪90年代后期,少数学者将表达自由的宪法问题意识初步带入企业商誉、产品安全等相关论域时,一度还曾有过重要理论创新的意味❷。

《超越》指出,既然在美国法这一常用参照系中,表达自由涉及的问题范畴远超政治言论,那么在居于中心的政治言论之外,思考边缘地带发生的表达自由问题,可以采取不同于绝对主义的思路。(第40—54页)学理上,绝对主义之外的另一种立场

---

❶ 《中华人民共和国广告法》于1994年颁布,经2015年修订,2018年修正,2021年第2次修正。
❷ 例如苏力:《〈秋菊打官司〉案、邱氏鼠药案和言论自由》,载《法学研究》1996年第3期。

是后果主义(consequentialism)❶,而《超越》中虽未明示,但从其第一章有关广告规制的讨论来看,作者至少接受,在边缘地带,表达自由与特定社会价值(如保护消费者)之间应寻求权衡。结合"中心—边缘"的分析结构,《超越》试图批判的是,适用于中心地带的绝对主义逻辑,时常被不必要也不合理地扩展到了更适合后果主义思路的边缘地带。

这个批评无疑成立、正确。但仅此却又并不过瘾。值得进一步思考的是,如果表达自由的中心和边缘应遵循不同的规范逻辑,为何中心的绝对主义逻辑却会始终寻求向边缘扩张?为什么表达自由领域中,人们常常不能"就事论事",将中心和边缘地带的不同问题做明确切割,使制度思辨与行动在两个地带各行其是?以广告规制这样的市场问题为例,难道论辩和处理时,不捎上言论自由就不行吗?或许正因为作者浸淫美国表达自由理论日久,《超越》对于广告规制这类边缘问题自带表达自由属性这一点,作了十足的美式预设。在中国语境中,至少对于绝大多数中国老百姓而言,即使要对《广告法》展开批判,他们也不太会像美国老百姓那样,"朴素"地首先要发出"这是不是侵犯了言论自由"的质问。(第37页)而类似美国那样从反对任何"基于内容的言论规制"这一原则立场出发,(第18页)对《广告法》提出的批评,甚至在中国学者中也不算多见。换言之,将广告这类边缘地带问题拔高为表达自由问题的传统,在中国——或者美国之外的大多数国家——其实并不深厚。而在这一前提下,我们甚至需要审慎地考虑,有没有必要接受美国法对

---

❶ See e.g. Erica Goldberg, "Free Speech Consequentialism", *Columbiu Law Review*, Vol. 116: 687, 689 (2016).

表达自由问题域所作的议程设定,(第253页)把中国语境中本不大牵扯表达自由的问题"表达自由化"。

而这不仅只是为了审慎。即使从美国法自身的逻辑来看,商业广告等边缘地带问题被"表达自由化",也并非自然或必然,更可能是制度和权力策略的后果。毫无疑问,发布商业广告、兜售淫秽制品、运营搜索平台等行为,可能涉及文化甚至政治表达;但在多数情况下,人们还是可以对逐利言说与政治、文化表达作出合理区分。可为什么如《超越》指出的,美国的表达自由理论和实践"习惯把公共对话的逻辑和原则适用到一切问题上去"?(第36页)实际上,之所以表达自由制度会投入大量精力在边缘地带争夺,其意不在于边缘问题本身,而是要通过在边缘地带树立表达自由价值至上的规范,来建起保障中心地带安全的规则防火墙(prophylactic rule)。这种策略也对应着法律理论中常见的滑坡论(slippery slope)思维:例如,若不对淫秽内容的表达加以保护,接下来政府就会去限制对公众人物的诽谤,再下来就会限制揭露政治人物隐私,再接下来就会封杀选举宣传和政策辩论……如果向"专制主义"的一路下滑确实如此畅通,那么只有从看似不那么重要的边缘地带就开始高举原则旗帜,防微杜渐,才能保证中心地带高枕无忧。

换言之,美国表达自由制度中广袤的边缘地带并非浑然天成,而是人为开拓、"战线前移"的策略操作结果。作为美国法的外部观察者,我们与其将这种策略塑造出的格局默认为论证起点,不如更鲜明地指认出边缘相对于中心的工具属性。这种工具属性并不止于《超越》中那个比喻的意味,即边缘之于中心相当于"健身房"之于"竞技场"——公民在"边缘"操练表达能力,以此为在"中心"登堂入室作准备。(第6页)实际上,为了确保政治表达的安全,美国的表达自由理论主张,边缘地带中与相关表达可能发生冲突甚至针锋相对的其他利益——如消费者福利、隐私、传统性道德观念等——都应充当为政治表达抵挡潜在威胁的肉盾甚至炮灰。只有把握这种"边缘拱卫中心"的逻辑,才能有效把握《超越》提出的"中心—边缘"框架;否则,"中心—边缘"作为权力结构的意涵就会被隐去,徒有明面上"多元""丰富"的花架子。

而既然中心拿边缘当了炮灰,那么此处应提出的核心批判问题自然是,为了拱卫中心,边缘付出的牺牲值不值得?或者付出多大牺牲可算值得?尤其要看到,"边缘拱卫中心"这一逻辑的荫蔽下,不但有追求不惜代价护卫政治表达的真信徒(true believers),也大有借鸡生蛋、借题发挥的投机者。后者对表达自由并无真诚兴趣,其核心利益原本只限于这些边缘地带,例如靠谣言刷流量、借隐私打击报复,或在提供信息相关服务时希望实现免责等——但来自中心地带的表达自由话语,恰恰能成为其最有力的护身符。纵观美国表达自由法的发展史,对于"边缘拱卫中心"这一权力结构的塑造与强化,投机者的贡献甚至不比真信徒要少——以表达自由之名要求搜索推荐算法的设计、运行和使用不受法律干预,无疑是最晚近的一个典型代表(第五章)。由此可见,我们其实需要一种谱系学的眼光,去解构为什么从申克到布兰登伯格的光辉叙事能够始终被奉为表达自由的"正典"(canon)(第176页):不持续维护好这个正典,到了需要时,拿什么去敲打周边?

但也正因为以表达自由为名的策略性行为是如此普遍且有效,我们更需要直面能否以及如何在政治表达自由与冲突价值之间进行权衡的问题。事实上,除了美国,表达自由至上的辞典式价值排序(lexicographic order)都并没有获得普遍的接受。例如,至少在隐私问题上,欧洲法域相对美国而言,就不会那么痛快地让隐私——哪怕是公众人物隐私——成为言论的炮灰。而自2016年总统大选以来,美国学界和公众似乎发现新大陆一般,猛然意识到"假新闻"——也就是中国自引入民用互联网之初便开始与之缠斗的"网络谣言"——问题不但存在,而且严重❶,这导致表达自由被迫要与作为民主政治根基的竞选制度的可靠性/纯洁性之间正面碰撞,但要求后者必须为前者让路、作出牺牲,然而其正当性和合理性却不那么容易论证。也正是在这一背景下,我们才能观察到,美国表达自由理论中,更明确强调综合权衡的后果主义分析框架正逐渐形成气候❷,从理论的边缘走向中心舞台❸,对"边缘拱卫中心"的绝对主义逻辑形成更有力的挑战。

二、"寒蝉效应"

与上述"边缘拱卫中心"的策略逻辑相关、相通,表达自由法律理论中还有一个随处可见的经典思维或概念工具,即所谓

---

❶ See e.g. Casey Sullivan, *Outgoing Harvard Law Dean on Diversity, Fake News and Her Future Plans*, at https://bol.bna.com/outgoing-harvardlaw-dean-on-diversity-fake-news-and-her-future-plans/; Tim Harford, *The Problem With Facts*, at https://www.ft.com/content/eef2e2f8-0383-11e7-ace0-1ce02ef0def9.

❷ See Erica Goldberg, "Free Speech Consequentialism", *Columbia Law Review*, Vol.116: 687, 689 (2016).

❸ 波斯纳很早便提出了较为完整的对表达自由进行后果主义分析的理论框架,但其影响力一直有限。See Richard A. Posner, "Free Speech in an Economic Perspective", *Suffolk University Law Review*, Vol.20:1, 8 (1986).

寒蝉效应(chilling effect)❶:有些表达即使本身应当受到限制,但人们会担心法律的打击面难免过大,不但直接"伤及无辜",更会形成广泛威慑,导致许多人因害怕受到法律制裁而自觉闭嘴,"噤若寒蝉"。而《超越》则认为,对寒蝉效应的泛化和过度担忧,也是表达自由理论将边缘与中心问题不当混同的一种表现:尽管公共对话中应避免寒蝉效应,但其在商业广告等边缘地带却算不上事儿。(第47页)

在经验层面,"寒蝉效应"既真实也常见。但在政治法律话语中,正如《超越》所提示的,人们对"寒蝉效应"一说的使用其实往往较为随意,甚至仿佛沾上这四个字,法律规制旋即失去规范层面的正当性,而这样的思路太过简单化。作为一种描述法律在客观上产生的行为影响效果的概念,"寒蝉效应"的规范意涵需要具体结合语境进行辨析。首先,如果法律致力于直接限制政治性言论——如申克诉美国案中政府谋求禁止的共产主义宣传——法律要惩罚的就是街角发言者/发传单者,那么后者的同道中人可能因为畏惧法律制裁而偃旗息鼓,或至少"转入地下"。这当然可算是法律产生的一种"噤声"效果,并经常在宽泛的意义上被描述为"寒蝉效应"。但在这种情形中,法律产生的威慑其实并无所谓"扩大",只是"求仁得仁":规制A言论的法律,借助具体执法和一般威慑两种机制,对作为意图规制对象的A言论实现了抑制。而要评价、批判产生此类效果的制度或措施,其核心问题虽不见得容易,但至少非常明确、直白,即A言论自身是否值得绝对保护(如其内容涉及政治表达还是硬核

---

❶ See generally Frederick Schauer, "Fear, Risk and the First Amendment: Unraveling the Chilling Effect", *Boston University Law Review*, Vol. 58: 685 (1978).

色情），或者 A 言论表达的价值与限制其表达的价值之间，孰轻孰重。

但表达自由理论言及"寒蝉效应"时，在更确切的意义上，往往指向更为复杂的行为影响机制，也因此对应着更加曲折的论证要求：明面上，法律以落在表达自由核心保护区域外的 A 言论为限制对象，但一些更接近中心的 B 言论的潜在表达者认为，该法律对自身也构成威胁，即当其发表 B 言论时，政府可以原本规制 A 的相同规定为依据，对其实施限制或制裁；由此法律不仅压制了本意要压制的 A 言论，也会抑制其原本未意图针对的 B 言论。典型的例子是，当法律要求追究侮辱诽谤他人言论的侵权责任时，这种责任规则常被认为在表达自由层面有引发"寒蝉效应"的风险，因为一些发言者会担心自身为公共利益目的发出的批评，也会被认定构成侮辱诽谤——即使侮辱诽谤的侵权责任规则原本无意压制真诚的公共批评。❶ 又如，对于限制或禁止淫秽色情表达的法律，批评者基于"寒蝉效应"提出的反对通常是，此类法律限制不只是像其意图的那样会减少纯粹挑逗低级趣味、伤害风俗的"厕所涂鸦"，而且往往会顺带压制各种涉及性的严肃文艺、学术与政治表达，"把孩子和脏水一起倒掉"。❷

不难看出，更为确切意义上的"寒蝉效应"论说，是以法律无法精确界定并限定规制对象这一内生制度局限为前提的。现实世界从来不是非黑即白、边界分明的，而就言论表达而言，有价值、可以容忍和应当限制的不同类型表达，在边界地带难免相

---

❶ See *New York Times Co. v. Sullivan*, 376 U.S. 254, 279 (1964).

❷ See *Paris Adult Theatre I. v. Slaton*, 413 U.S. 49 (1973) (Brennan, J., dissenting).

互重叠,无论以客观还是主观标准划线,都很难避免在打击正当对象的同时误伤"无辜"。但需要注意的是,理论上,如果法律采取"规则"(rule)的形式,对"合法/不合法"进行接近一刀切式的界定区分,其结果并不只是会导致"过宽"(overinclusive/overbroad),而且也可能——并且同时——导致"过窄"(under-inclusive)。例如对色情文字内容的规制,如果明确规则,将非法内容的边界限定在是否有"对性行为的直白文字描写",那么一方面这无疑规制过宽,会覆盖大量文学名著以及专业和科普读物,但另一方面又必然过窄,因为许多真正旨在"诲淫诲盗"的作品,其呈现出来的样貌恰恰让人"疑车无据",使得上述规则鞭长莫及。可以观察到的是,每当论者在表达自由领域祭出"寒蝉效应"时,他们通常不会担心规制"过窄"可能导致的社会损失。以美国宪法为例,"过宽"(overbreadth)是判定言论规制法律违宪的理由[1],但过窄却从来都不是;至多,作为论证策略,法律规则"过窄"只是在"过宽"之外,被作为主张言论规制应被否定、推翻的进一步理由——即该管的没管好,不该管的还"躺枪"了。

然而应对规则存在的过宽或/且过窄这一问题,至少理论上并不只有完全放弃法律干预这一种思路。如果规则(rule)不好用,言论规制在法律工具形式层面,可以考虑转而选用标准。所谓"标准"(standard),是指法律在事前不对规制对象作详尽具体的界定,而只给出相对抽象、粗疏的判断思路,例如应当考察、考虑的主要事实和规范因素,并在行为发生之后交由执法者及司法者综合相关因素判断行为的合法性。研究者阅读美国宪法

---

[1] Henry Paul Monaghan, "Overbreadth", *The Supreme Court Review*, 1, (1981).

表达自由判例时,通常印象是此类司法意见论证冗长繁复,甚至还时有"看见就知道(什么是淫秽、什么不是淫秽)"这样的禅式表达❶——但不能因此误认为美国表达自由法倾向于"标准"式的规制进路。实际上,法院连篇累牍寻求论证的,恰恰是对言论表达的规制都应尽量使用明确的规则形式。也正因此,"模糊不清"(vagueness)才会成为法院可据之判定言论规制法律违宪的常用理由。❷ 而这又是因为美国法院认为,在言论规制的问题上,只要法律在事前界定得模糊不清,政府执法者在行使权力时必然寻求扩大打击面,把该管不该管的全部管起来,导致潜在发言者惶惶不可终日、"噤若寒蝉"。换言之,虽然清晰划线的规则仍可能过宽,但不清晰划线、交由执法者裁量的标准,不但不被认为有助于化解过宽问题,反而被担心因裁量权滥用而更容易"过宽"。

围绕"寒蝉效应"建构形成的这些法理论证套路,很能体现经典表达自由理论所基于的智识心态与价值取向。如果避免"寒蝉效应"的追求压倒一切,那么法律对言论表达的规制不但要避免使用任何可能留下事后裁量空间的模糊标准,而且订立明确规则时,也要为避免过宽而刻意追求过窄——所谓"矫枉必须过正"。无论是基于理论还是实操的逻辑,这都意味着经典理论必然趋向绝对主义;说到底,只有对尽可能多的表达采取绝对保护,才有可能真正避免误伤无辜。

然而正像司法证明程序必须权衡"Ⅰ型错误"(例如冤案)与"Ⅱ型错误"(例如纵案)一样,在表达自由制度中,为避免误伤无辜而拒绝规制有实际损害后果的内容,说到底是以特定

---

❶ See *Jacobellis v. Ohio*, 378 U.S. 184 (1964)(Stewart, J., concurring).
❷ See *Grayned v. City of Rockford*, 408 U.S. 104, 108-109 (1972).

的价值预设为基础的。❶ 持表达自由绝对主义立场者,一方面预设言论不大可能造成真实伤害("only words")❷,但另一方面又认为自由表达的正向社会价值巨大。这二者之间显然内含逻辑张力,但可能直到网络媒体,特别是当代基于大型平台和个性算法推荐的传播模式兴起之前,这种张力都被有意无意地忽略了。而如前所述,直到2016年美国大选和英国脱欧公决之后,仿佛一夜之间,西方尤其是英美法学界与公共舆论界发现,原来"不受限制"的表达与传播不但有后果,而且可以严重到"动摇国本"的程度——即威胁到作为自由民主制度根基的"选举有效性/纯洁性"。❸

基于新的客观技术与主观认知前提,表达自由理论在当代和未来需要以更为务实和开放的心态,重新权衡表达规制的正反两面后果。特别是,如果"过窄"并非无需担忧的问题,那么表达规制能否因此包容一定程度的"过宽"或"寒蝉效应"——甚至是在中心而不只是边缘地带?一方面,就抽象法理而言,规则和标准之间的权衡之所以很难避免,终究是立法者的信息局限所致,因此信息技术条件的改变,本身也有可能使得事前更为精细、"过宽过窄"问题都更小的规制成为可能。❹ 另一方面,更务实地来看,中国在过去几十年中的表达和传播规制实践,本身

---

❶ 参见桑本谦、戴昕:《真相、后果与"排除合理怀疑"——以"复旦投毒案"为例》,载《法律科学(西北政法大学学报)》2017年第3期。

❷ 借用Catharine A. MacKinnon, *Only Words*, Harvard University Press, 1993。

❸ 连法律经济学者都这样认为。See Omri Ben-Shahar, "Data Pollution", *Journal of Legal Analysis*, Vol.11:104, 113 (2019).

❹ See generally Anthony J. Casey, Anthony Niblett, "The Death of Rules and Standards", *Indiana Law Journal*, Vol.92:1401 (2017).

对于如何在积极干预的前提下寻找"过窄"与"过宽"之间的平衡,具有重要、亟待发掘的经验意义——尽管很多经验本身未必正面。

例如,自民用互联网启用后不久,中国就开始全面寻求调动行政、司法与企业自律等各类规制资源,系统性地治理网络谣言问题。而美国近年来由于政治和法律风向变动催生了平台内容管理(content moderation)风潮❶,就其生成逻辑而言,与中国政府多年探索、形成运用法律责任、行政指导等工具综合施压、推动平台审核的规制过程相比,其实有很多相似之处❷。中国决策者显然从未对"过宽"的后果赋予类似西方的权重;而过往的实践证明,至少在一定的规制力度之内,政府规制"过宽"的负面后果,其实可以通过民间的柔性回应化解(例如发展并普遍使用不影响表意又足以规避审查的语言规范等)。但政府规制"过窄"、不作为,却很难靠平台自律补足——最突出的例子,莫过于美国《通讯品位法》第230条下的豁免规则并未如预期那样仅靠放手就达致平台普遍自律。❸ 如果表达自由研究者能对中国网络内容规制的经验,作更为有效的提炼和检讨,使表达权理论突破"寒蝉效应"这类思维定式的禁锢,无疑又是另一个意义上"边缘"对"中心"的贡献。

---

❶ See Kyle Langvardt, " Regulating Online Content Moderation ", *Georgetown Law Journal*, Vol. 106:1353, 1358-63 (2018).

❷ See Kate Klonick, " The New Governors: The People, Rules, and Processes Governing Online Speech", *Harvard Law Review*, Vol.131:1598, 1622 (2018).

❸ See Danielle Keats Citron, Benjamin Wittes, " The Problem Isn't Just Backpage: Revising Section 230 Immunity", *Georgetown Law Technology Review*, Vol. 2:453, 455-467 (2018).

三、发言者本位,还是听众本位?

《超越》第五章在讨论"算法是否言论"这一新近热门话题时,提出了"发言者本位还是听众本位"这一理解表达权制度建构与运行逻辑的关键性理论视角问题。(第246页)依照《超越》的解说,"街角发言者"的传统范式下,法律最终追求的是维护言说者的自由表达权益。采取这一视角,诸如"机器算法有无言论属性"这种本质主义问题,(第248页)似乎更容易有答案。同时,"发言者本位"的理解与表达自由的绝对主义传统也更为契合,因为法律此时的定位是保障"表达"作为一种人文、人性价值;至于个体的表达对他人和社会可能产生的后果,在道义层面是次要,甚至不相干的。

与之相比,"听众本位"的表达自由视角,则更可能将制度建构、运行和评价的思路导向后果分析。在法律理论中,后果主义通常并不会站在表达自由的对立面。从密尔到霍姆斯,近现代支持保护表达自由的最有力、影响最广泛的论证,很多其实都是后果主义底色的。例如密尔认为,之所以应保障各类观点能够获得自由表达,是因为不但被禁止的错误观点未必真是错误的,而且即使确实错误的观点被允许发表,其很容易被正确观点批驳、纠正,也能更鲜明地反衬出正确观点之正确,从而更为"立体"地教育群众。❶ 又如,按照霍姆斯的说法,如果公共意见场域并不存在能够客观中立评判对错的权威,而允许不同观点自由激荡、相互冲击,让市场竞争决定思想、观点和意见的盛衰,那

---

❶ John S. Mill, *On Liberty*, Penguin, 1998.

至少比交由某个可疑的权威——例如政府——决定何种言论可以发表、何种不得发表,更有可能让社会接近真理。❶

这些支持表达自由的经典理论,选择了满足听众需求——或者对有益信息、知识、意见的社会需求——的立场,以此论证自由的后果胜过干预、打压。而恐怕因为其结论同样指向自由,所以这些听众本位的后果论证,在绝大多数人眼中与表达者本位的道义论或绝对主义论调没太大差别;关注论证过程而不仅是结论,并非一种天生的习惯。只有当"听众本位"的后果论证确实被用于支持对表达施加限制时,人们恐怕才能意识到"表达者本位"与"听众本位"的区别。一个相关的例子是,经济学家科斯在其身后常被记得叮嘱中国后生要像开放经济的自由市场那样,开放思想的自由市场。❷ 科斯的这一市场隐喻在公共知识界广受欢迎,但很多人未必意识到,其拥护的可能只是这一隐喻中的"自由",而非"市场":在更早的论文中,科斯曾提出,既然思想可以理解为市场,而经济意义上的市场可以被规制,那么思想的市场也就没有不能受规制的道理。❸ 尽管是相同的后果论,但科斯早年的论说远不像其暮年的说法那样广为人知,恐怕至少部分与前者明确推导出支持规制表达的结论有关。

在当代政治法律语境中,"个体基于充分信息理性决策"

---

❶ See *Abrams v. United States*, 250 U.S. 616 (1919)(Holmes, J., dissenting).

❷ 参见《罗纳德·科斯:中国应该开放思想市场》,载 https://money.163.com/13/0116/18/8LC21MDI00254T39.html,访问日期:2021 年 1 月 16 日。

❸ See R. H. Coase, "The Market for Goods and the Market for Ideas", *The American Economic Review Papers & Proceedings*, Vol.64:384 (1974); R. H. Coase, "Advertising and Free Speech", *Journal of Legal Studies*, Vol. 6:1, 1-5 (1977).

"言论市场能有效率甄别真理与谬误"等假设,很难再被不假思索地接受,因此如果表达自由理论全面转向"听众本位"的后果主义,则可以想见会与"表达本位"的道义论思维拉开距离。例如,《超越》开篇处理的广告法问题上,后果论在当代非常明显地支持父爱主义扩张。的确,中国《广告法》中一些关照"消费者/听众"的父爱主义条款,(第12—14页)"微操过度",恐怕难有实际效果,而《超越》也并未正面处理规制合理性缺失的问题,多少有些简单地预设了《广告法》通过干预表达促进消费者保护的有效性。但至少在理论层面,鉴于消费领域存在明显的信息操控与结构性竞争失灵,父爱主义的表达规制确实是"听众(消费者)本位"思路几乎唯一可能的结论。

如果在商业广告领域,对应着"听众本位"的更多表达规制或许还可接受,那么相同逻辑是否能够延伸到政治广告?如果真像桑斯坦等人所说,在以互联网作为媒介的公共政治话语领域,真理同样也不是越辩越明,而作为听众的公民只是在信息茧房中见所乐见,闻所乐闻,各自抱团,奔向极端❶,"听众本位"的表达自由思路是否同样意味着更为进取的规制干预?毫无疑问,这是当下表达自由理论与实践面临的最大问题,而"缺乏想象力""表达者本位"的传统理论则无力回应这种现实——甚至,像桑斯坦这样相对而言已属更有"想象力"的西方学者,在思考应对策略时,也没法摆脱固有思路的枷锁。❷ 在网络环境中,即使法律保障每个人表达的自由,不同人能获得的表达空间、掌握的传播资源也相差悬殊,其在听众层面产生影响的机会

---

❶ Cass R. Sunstein, *Going to Extremes*, Oxford University Press, 2009.
❷ 对比 Republic.com 2.0 (2007)与#Republic (2017),很难看出十年间桑斯坦的思考有多少自我突破。

更有天壤之别。如今的街角发言者,可能永远走不出街角,甚至完全被技术架构隔离在真空中,还误以为自己有很多听众(像极了在家上网课的教师)。这种情况下,"表达者本位"的制度在后果层面几乎已经失去意义,而"听众本位"的政治表达规制看来也终要明确与"表达者本位"的经典思路分道扬镳。

四、表达,还是信息?

《超越》主张表达自由理论应进一步正视甚至拥抱复杂性。但如前所述,若真要拓宽想象空间,表达自由理论最应摆脱的,恰是"表达"的桎梏。"街角发言者"这一意象的局限性,不仅是其将人们的目光全部聚焦在公共政治表达之上,更让人们误以为法律的作用对象只是表达、宣泄、宣传、言说这类行为本身,而不是影响个体与社会各类微观与宏观决策的整体信息环境。但在街角发言者已经很难随机收获听众的传播架构中,法律若仍只是将自身定位为消极言说自由的捍卫者,则无疑将与时代严重脱节,甚至沦为敷衍"街角发言者"、满足其宣泄需求的廉价安慰剂。

诚然,在如今的现代性/后现代性重压之下,哪怕是一剂安慰,也有重要的社会价值。但在笔者看来,有更大抱负的表达自由制度及其理论,却应当考虑尽快转型升级,融入更广泛意义上的信息治理(information governance)范式。在新的传播条件下,绝大多数人在绝大多数时候能够有意义扮演的角色只是听众而已,而听众已越发没有能力影响甚至选择自身所处的信息环境。如果法律仍延续传统思路,只关注如何限制国家干预,那么此时的信息环境建构权就只会被集中掌握在利益集团手中,后者不太可能代表街角发言者,也无法指望其坚持寻求中立、开放的信息环境建构愿景。在这种前提下,社会需要法律越过表达"自由"还是"不自由"的表象,关注不同言说经由各类影响、塑造甚至建构信息环境的机制而可能产生的整体福利后果。

如何寻求向信息治理的范式转进,无疑是更大的话题,这篇短评无法也无意充分阐发。但不妨抛出两点初步想法。

第一点其实在前几节已作讨论,即应在信息规制领域突破与"表达者本位"对应的绝对主义思维。在政治、商业、文化等各领域中,我们都应务实地承认,信息传播产生的负面后果(诸如对认知、决策与行为的误导)是值得规制的,自由放任、纯粹指望秩序自发生成,并非唯一可行的政策思路,甚至也不是负责任的态度。依法开展的政府信息规制活动,即便会在一定程度上产生"寒蝉效应",其合理性和正当性也不能就此被一票否决;应坚持对规制收益与规制成本进行充分、语境化的权衡。毫无疑问,与其他领域的规制原理一致,规制也需要追求成本收益意义上的优化,这意味着相比于姿态和立场,信息规制手段的选择、设计和完善,是获得良好治理效果的关键。例如,就规制谣言或虚假信息来说,事前要求官僚草率审查,往往不如事后通过行政和/或司法程序甄别追责。因为后者可以提供更多时间与空间,让相关信息的社会价值获得检验和显现;而即使事前审查和屏蔽确有必要,粗糙的大范围屏蔽(例如禁止整个站点被访问),效果也不如更为精准的定点清除(例如只阻止访问特定页面或过滤特定内容❶)。鉴于政府与平台企业已掌握越来越强

---

❶ See e.g. Gary King, Jennifer Pan, and Margaret E Roberts, "How Censorship in China Allows Government Criticism but Silences Collective Expression", *American Political Science Review*, Vol. 107:326(2013).

大的传播技术，以维护公共利益、促进公共福祉为目标，不断寻求信息规制的优化，其实是具有可行性的。

第二点，政府积极运用信息工具介入传播、塑造信息环境的实际效果和规范意义，应受到法律理论更多关注。在言论和信息场域，公共权威从来都不只是扮演裁判，也同样下场竞技。而政府及其他公共机关（包括法院）通过积极注入信息影响信息环境的机制相对多样且手段丰富，其不但可以借助最直白的披露和发布调整总体信息规模和构成（total mix），也可以更为微妙地干预语境中的社会含义（social meaning）塑造认知、影响行为。❶ 但耐人寻味的是，在经典——特别是美国式——的表达自由制度和理论中，"政府言论"（government speech）与广告、色情言论等一样，也是长期处于边缘地带的一类问题。这当然与传统表达自由理论对"街角发言者"这一意象的痴迷相吻合，但也同样清晰地暴露出这种痴迷的狭隘：如果像《超越》所言，经典表达自由理论的中心是政治性公共言论，那么政府言论或表达行为，按理说更不应落在这一中心范畴之外的。

当然，经典理论对政府言论问题之所以轻视，恐怕还与"政府宣传"（propaganda）在西方流行话语中被系统性地污名化有关。在"有限政府"的意识形态框架内，政府提供客观信息便利公众选择，这与政府宣扬观点理念影响/控制民众思想认知，在正当性层面似有云泥之别，并且通常人们也预设二者在行为层面可清晰分辨——而自由民主体制下，政府从不搞"宣传"/"洗脑"，只着力于"告知""披露""透明"。若果真如此，法律在信息领域对政府的要求，确实无非是信息公开、保障监督即足够。但

---

❶ See e.g. Lawrence Lessig, "The Regulation of Social Meaning", *The University of Chicago Law Review*, Vol. 62:943, 944 (1995).

任何人如对西方体制实际情况有所了解,便都会知道这远非事实。不用说欧洲国家,即使在美国,也有政府出资设立并支持运营的新闻机构,其中甚至包括明确以针对外国听众进行(敌对性)意识形态宣传为宗旨的新闻组织。❶ 而美国政府机构中,一方面,从民选到任命的官员,其在各类场合发表主观意见甚至意识形态言论,最多可能被批判"派性"(partisan)过强,本身却并不会违反宪法要求;另一方面,如果政府通过管理手段禁止公职人员发表与政府立场、口径相左的言论,此时宪法的表达自由规范也通常不能适用于保护相关的表达行为。因此,自由主义的表达自由制度,并不因为政府"宣传"不存在而将其排除在视野之外,至多是视而不见罢了。或许只有在政府官员的"宣传"性表达过分突破下限时,有关政府宣传适当限度的争议,才会以例如"政府诽谤"/"总统级诽谤"(presidential defamation)等形式借尸还魂,重新回到表达自由法的视域之中。❷

而在更实质的层面上,需要看到,自由主义范式中"披露"与"宣传"之间的明确分野,很大程度上只是一种想象。即使看似只在披露客观信息,政府也可以通过各式各样的策略性手段调节公众面临的信息环境,从而达到影响个体与群体认知的目的。最近的例子,莫过于新冠肺炎疫情期间许多人观察到的美国联邦政府的相关操作❸:其不但自疫情开始以来始终通过抑制检测的方式来控制确诊病例数字,而且还通过调整人事安排

---

❶ 对内如 PBS 和 NPR,对外如 VOA。当然,反讽的是,美国政府出资的对内新闻机构,反倒比纯商业性机构更为中立客观。

❷ See Aziz Huq, *When Government Defames*, at https://www.nytimes.com/2017/08/10/opinion/government-defamation-white-house-slander.html?_r=0.

❸ 参见张泰苏等:《政治世界观的法律建构》,载 https://mp.weixin.qq.com/s/iWjHYPWhuZ2DEBC1cB_pgA,访问日期:2020 年 6 月 15 日。

等方式将决策团队中的科学家边缘化、污名化,从而降低后者在公共政策沟通过程中的曝光率和影响力。❶

对现实中随处可见的政府宣传实践采取掩耳盗铃的态度,即便在政治层面有必要、有收益,却会导致人们无法直面重要的真问题:政府积极运用信息工具干预、建构信息环境的做法,到底应以何为目的,如何展开,并受何种规范制约?与之相比,在中国,"宣传"的一般正当性从来不是问题,公权力机关寻求借助宣传影响认知时,对宣传的目的和方式从不试图作任何遮掩、掩藏——甚至会经常大张旗鼓地宣传"宣传工作"本身。官方的坦率,民间的广泛接受,以及经年累月积累实践操练积累的经验和教训,使得有关积极信息干预的理论思考,在中国更容易展开,也更可能在经验层面获得检验。

当然,必须承认,与只关心限权的"表达自由"相比,法律与公共政策转向"信息治理"范式,逻辑上对应着有关国家能力的更高要求。"限权"无非只要做到将"又蠢且坏或至少懒惰"的官僚捆住手脚;而只要接受"不指望政府能做什么"这一前提,"把权力关进笼子"其实也就不会有多少困难。但如果寄望政府能够直面日益复杂的信息环境,应对其提出的治理挑战,有效运用自身掌握的信息工具去平衡传播场域中的不同力量,对抗煽动、误导、欺诈与挑拨,保障公民在公共和私人领域中科学认知、合理决策,这显然又至少会超出当下我们对宣传机构能力及官僚素质可以抱有的期待。

---

❶ Philip Rucker, *The Lost Days of Summer: How Trump Fell Short in Containing the Virus*, at https://www.washingtonpost.com/politics/trump-struggled-summer-coronavirus/2020/08/08/e12ceace-d80a-11ea-aff6-220dd3a14741_story.html.

但现有条件不足,是否就意味着还是只能回退到"有限政府"和"表达自由"的老路上?正如《超越》所提示的,老路明显已经越走越窄,而当代公法学人不妨接住《超越》丢下的白手套,至少要敢于想象,或不甘于自我束缚。

初稿于 2020 年 8 月 10 日

言论表达权模式的谱系

——兼评《超越"街角发言者"》

胡 凌*

数字时代言论表达是个老话题,自从信息技术的广泛应用便利了信息与内容的生产与传播,普通人的言论表达能力提升,言论规模的外部性呈指数级增加,这就带来了各种新的法律问题。这些新问题不只有关言论的边界,也反映了言论所处的"架构"的变化,从而潜在地改变了既有关于言论表达权内涵和法律核心问题的研究议程。左亦鲁的《超越"街角发言者"》就试图折射这种变化,以及观察言论法律如何回应。本文不拟对全书内容进行细节上的评论,而是希望以《超越》提出的"街角发言者"框架为起点,追踪从美国到当下中国诸种表达权研究模式的谱系,展望适应21世纪数字时代的表达权研究框架,也试图解决如何在中国语境下理解美国宪法研究的实际问题。本文认为,调控型言论模式作为常规实践逐渐浮现出来,已经成为事实上的"中心"而非"边缘",如果固守《超越》中提到的"街角发言者"模式,无助于人们理解数字环境和权力间的关系正如何变化,并随之调整行动策略。

---

* 北京大学法学院副教授。

《超越》的结构简单明了,除第二章讨论中国宪法文本外,其余四章均围绕具体法律问题,特别是美国法问题,松散地关联在一起。尽管如此,本书仍然提供了一个观察信息技术如何带来新言论法律问题的框架。作者以"街角发言者"为核心总结了传统言论权利的五大特点:(第2—3页)

(1)体现公共对话;

(2)政治言论优先;

(3)重视言论内容,较少关注媒介转换;

(4)基于印刷时代;

(5)关注典型言论。

　　进而从不同角度分析信息技术正如何打破这些范畴,并为读者勾画出一幅形成中的数字时代言论表达的研究地图,即从"边缘"冲击"中心"。笔者把这一原教旨模式称为**美国街角发言者模式(模式A)**。

　　本书的主要内容围绕美国宪法案例展开,也有追根溯源之意,即说明即便在"街角发言者"模式发端的美国,也已经出现了关于研究范式转变的讨论,这会对研究中国的表达权问题产生启发。(第11页)从一本专著的角度看,如果能在导论或第一章对传统"街角发言者"模式进行完整的介绍,而不是散落在各章中,(第92—93、175—188页)可能会使这一框架更有说服力,但这并不影响本书试图阐述的观点,即信息技术带来了诸多边缘性问题,如公共话语之外的广告和其他专业言论的规制(第一章)、互联网平台的言论管控(第四章)和算法的表达权主张(第五章),作者认为它们正在从边缘挑战言论表达问题的中心。是否真正或成功地挑战了中心是法律实践和学术界集体选择的结果,本文无法预测,然而无论如何,《超越》对于中文世界言论表达权的研究是一个推进,也清楚地为宪法研究者提出了可供研究的新思路。

作为一种知识,本文更关注模式A及其转变的社会后果。长期以来,中国宪法学研究受美国影响,也更多地集中于关注模式A,但这一模式因为我国所处的政治经济环境而体现出独特性。本文按照中国语境下的"街角发言者"将模式A改造如下:

(1)体现精英式公共对话,忽视底层大众言论;

(2)自由主义政治言论优先,忽视其他法律关系中的言论价值;

(3)重视言论内容而非传播效果;

(4)基于短暂的印刷与广电时代想象;

(5)关注典型的文字言论;

(6)以司法活动为中心,与立法和行政的治理行为相对立。

由此形成了**中国街角发言者模式(模式B)**。在这一模式下,"街角发言者"在研究者或公共知识分子的想象中并非真的出身于街角,而是往往代表体制外特定精英阶层对公共事务参与的愿望与表达。同时,伴随着立法体系的逐渐完善和司法活动的增加,法学教育从20世纪90年代中后期开始恢复教义学教学,源自西方特别是美国的宪法教义学逐渐成为显学,而非一种地方性知识。在这些背景下,课堂中有关美国司法制度的内容也自然成为宪法教义学的重要组成部分,这直接影响了研究者对于言论表达自由权的理解。在这一背景下,言论表达很容易被抽象为一种公民对抗国家的、表现为可在法院中理性起诉和辩论的,甚至宣告法律法规违宪的基本公民权,且只需要研读判决和学术论文就可以掌握其精髓。在宪法研究领域,模式

B至今仍然十分有影响力。

在这一精英主义言论模式中,基于本土经验的丰富的言论法律内涵被大大压缩,诸如戏仿、侮辱英烈、打击淫秽色情、保护未成年人、封号、举报、微信群踢人等具有极大公共价值的言论问题都鲜有落入宪法研究者视野,而被认为是落后和需要被改造的。如果我们按照《超越》提出的线索丰富观察言论的维度,就会发现言论能力、传播效果、言论生产形式和媒介都会影响言论表达权本身的实现,通过司法厘清个案中言论的边界只是言论法的一部分。此外,在中国,对言论表达进行规制的核心力量也一直不是法院,而是立法和行政分支,法律人设想的法庭上激动人心的捍卫基本权利的场景少有出现。更主要的是,除个案判决的法律问题和推理外,现实中的底层大众在多大程度上有物质条件实现这种日常权利也不在研究者视野之内。在这个意义上,《超越》讨论的若干议题并非边缘性探讨,而是在不断丰富核心议题。

如果想超越模式B,就必须回到本土实践,将言论法律与国家治理活动结合在一起进行综合观察。不难看出,中国在1980—1990年代互联网产生之前的言论模式实际上是一种不断强化的网格化治理(grid):

(1)通过有限数量的大众媒体推动公共对话;

(2)各法律关系中的言论处于各自场域中,有相对独立的社会规范进行约束;

(3)重视言论内容而非传播效果;

(4)关注典型的文字言论;

(5)以立法和行政规制行为为中心;

(6)条块体制下的大众媒体成为宣传和言论调控的中

间人。

这种**网格化模式**(模式C)是中国国家治理的基本模式之一,自然容纳了广义上的媒体与文化产业治理。在条块分割体制下,分口管理、运动式治理、大众动员等成为常态。这一模式将治理和公共服务职能属地化,但也并非铁板一块,而是在不断伴随着社会流动性的变化而变化。从法律执行角度看,威慑模型和事先审查机制是这一阶段媒体言论规制的核心,也围绕着数量控制展开,正好契合了印刷品和广播电视媒体的物理媒介有限性的特点。模式C发生在短暂的印刷和广电媒介向互联网数字媒介过渡的时期,事实上也无法在当时成为学术研究的关注对象。事后来看,这一模式实际上已经体现了某种调控思路,并和当时逐渐兴起的社会控制论思潮紧密相关。从谱系看,模式B与C实际上是一枚硬币的两面,正是在模式C的背景支撑下,B才可能伴随着法治话语兴起将自己包装成能够在真空中运作的普世范式。

1990年代末期开始兴起的伴随互联网扩散的信息技术的使用,使得上述模型逐渐发生重要改变,形成一种和线下网格对立的线上网络化治理(network)模式,同时部分冲击改变了模式B和模式C:

(1)体现大众参与式公共对话;

(2)各种法律关系中的言论处于线上竞争关系中;

(3)言论内容本身相对不重要,传播效果和社会后果更加关键;

(4)言论表达形式多样;

(5)立法、行政、司法行为相互协调;

(6)跨地域的平台企业成为宣传和言论调控的中

间人。

在这一**网络化模式(模式D)**下,赛博空间被开启,信息内容的数量和流动性急剧增加,一开始只能沿着传统条块分割体制进行的拟制管理,因为网民的增长和互联网平台的扩张而逐渐得到适应,并进一步探索出新型治理思路。其中两个相互联系的重点特征值得与经典的模式 A 进行对比,并作进一步讨论:

1. 公共性

表面看来,经典的模式 A 并未过时,只是言论主体从精英群体扩展到各个阶层的大众。人人都在街角,形成了众声喧哗的局面。自媒体的门槛变得很低,言论能够以低成本被批量生产出来,同时受众更加广泛,每个不同的阶层都有能力通过一定形式进行表达,用户也更容易结社发声。从这个意义上说,信息技术服务加强了社会成员之间的沟通水平和程度,对整体公共利益而言有所促进,精英主义表达自由已经变成所有阶层的表达自由,尽管各阶层自我宣传的能力未必平均。此外,言论的形态也随着移动终端和各类服务的开发更加多样(如短视频、直播、弹幕和表情包),看起来信息技术已经帮助实现了《超越》第二章讨论的促进文化艺术繁荣的宪法目标,但其效果可能是短暂的。媒介和言论行为形态正不断融合,使其从单纯的文字很快转向直播、带货等,这时就难以直接依照一个本质主义的行为标准对其进行监管(直播带货究竟是广告还是表演)。当然,并非所有人都能真正平等地使用互联网进行发言,除了弥合数字鸿沟外,网络及其传播结构设计已经是言论表达研究的重要维度,特定言论内容往往会沿着不同的网络流动和传播,核心节点(如大 V)一定程度上能够决定言论内容的影响力。

但这种大众表达中的公共性未必如模式 A 的拥护者所认

为的那样显著提升,反而可能部分地或快速地丧失。首先,从效果上看,网络传播无疑增强了个体言论能力和效果,但由于信息爆炸,人们也越来越多地希望算法帮助自己过滤已接收的信息,从而仅接收高质量或有用信息,将有限的注意力进行合理分配。这就可能形成已经被大量研究证实的"回音室效应",即人们活在自己喜欢听到/看到的声音里面会很舒服,但可能会越来越丧失对其他话题的兴趣,造成公共对话消失。但在社会重大问题上,人们仍然需要主流媒体统一协调,突出社会价值的公共选择。其次,在线公共和私人领域逐渐相互渗透、模糊不清。人们很容易穿梭于私人和公共领域,这同时带来了一定程度的规范混淆与混乱,导致宪法上的通信自由和言论自由的界限也在模糊化。最后,商业言论变得越来越重要。长期以来商业广告没有被纳入言论讨论范畴,但随着广告、信息内容与购买行为变得越来越不可分离,非商业信息与商业信息也会存在混淆(如搜索引擎的竞价排名可能会干预自然搜索结果、机器/人力网络推手等),公共空间也逐渐被商业力量渗透。

  从这个意义上讲,模式 D 回应了《超越》第一、二章的讨论,即如何看待一个无处不在的商业化互联网对公共生活的影响,以及这是否是中国宪法文本中推动文化表达自由所想要实现的目标。当下对于各类言论的挑战恰好在于,互联网将它们都纳入同一个想象中的赛博空间争相吸引用户的注意力和眼球,使得它们进行生产和传播的模式开始趋同。在线言论越来越丧失了它们在某一个线下场域中的特殊性,并不再继续受到线下规范的约束,体现出类似的生产/消费逻辑。例如,有关学术研究的专业言论不得不像表演一样尽可能地将自己拉低,追求点赞、朋友圈传播更加重要,同时也会遭遇非专业人士的挑战。从这个意义上说,信息技术的使用部分地促进了大众创造,可能符合宪法的目标,但关键是如何推动有质量的生产,加强公共交流。

造成这种现象的重要原因无疑在于互联网的信息经济生产模式。言论和信息内容的生产密不可分,只有海量信息的生产和流动才可以带来价值,同侪生产和用户生成内容为平台带来大量流量,这最终也可以由算法直接生成(如作曲、写诗)。《超越》第五章讨论的算法人格化或独立性问题就是平台企业为了降低自身审查责任和成本而提出的法律理由,这在中国人工智能法律研究中也多有体现。研究者有必要看到这类法律论证和平台企业利益之间隐蔽的政治经济联系,并将其置于模式 D 之下进行理解,才能免于落入某种科幻式教义的窠臼。

2. 调控(moderate)与平台调控

调控本质上是对言论外部性,尤其是海量信息外部性的自动化处理和协调。随着互联网信息生产变得越来越多,国家已经无法通过版号、书号、广播电视等有限媒介进行总量控制,而只能通过传统的数量控制、审查删除手段探索新的治理模式,即调控和监视。模式 A 和 B 基本是在边际上探索特定言论的边界,较少关注人们日常言论的生产条件与后果,但模式 C 和 D 则是将社会言论看成一个从生产到消费的不断循环的整体过程,除了在边际上仍然可以在规范性层面争论特定言论是否值得保护。但从总体看,大众言论内容生产已经被纳入一个控制论模型中。调控的总目标不是删除和减少特定内容或断开链接——因为这与互联网发展的目标不符——而是国家或企业通过建立基础设施能够推动更加海量的信息生产,更好地追踪、利用和约束信息生产与传播,确保整体传播秩序和社会后果。然而即使在当下,人们对言论法律问题的理解仍然是审查和删除,例如将某项内容"上链"以显示其不可修改的特性。这种行为除了具有行为艺术价值外,无法帮助推进对数字时代言论调控的理解。

这种愈加智能化的调控体现在:首先,和前面说的"回音室"道理类似,算法可以自动化地精确匹配和推荐,事实上就是在屏蔽用户看不到或不想看的其他内容,即算法的自动化决策机制。微信能够在不删除特定信息的同时阻止他人看到,这与今日头条向用户推送特定信息内容本质上没有差别,重点都在于加强了对言论接受者的分析,以便判断某条信息是否值得生产和传播、向谁传播以及如何设定连接。这凸显出控制和生产在控制论模式下被更加紧密地结合在一起。信息流模式使内容的自动化分发推荐变得不可或缺,甚至成为一种因人而异的服务。除非完全拒绝个性化推送,否则只能在个案中判断某项推送的外部性,并不会影响整个信息流模式,较为流行的算法透明性主张也不能解决这一问题。其次,传播或舆情风险仍然是国家关注的重点。在舆情监控基础设施建立后,尽管仍然存在对敏感信息内容的删除,但其判断标准已经超越了模式 A 中的"明显而现实的危险"的事后判断标准,甚至也不是模式 C 中的基于后果的传统威慑模型,而是基于特定内容种类进行实时监视,从而动态地事前判断评估风险,而非事后解决纠纷。

在作为整体调控的模式 D 下,重要的是定向分发匹配以及传播渠道和环境的改变,由此所带来的悖论是表达自由和言论区隔(zoning)的冲突。表面上看大众有能力进行自我表达,但一旦考虑到受众和传播效果,就很难把控。真正有影响力的权力中心不是模式 A 和 B 中的街角发言者,甚至也不是互联网时代的受众,而是隐藏在背后的平台言论调控者。

目前国家对线上媒体与线下媒体的管控标准一致,在体制上也进行对口和属地管理,但随着媒介和内容的融合会越来越导致分工不明,容易出现多头管理。更为便利的监管方式是为平台企业设定义务,作为整体调控的中间人。由此,平台企业作为在线言论的调控者将变得越来越重要,这也是《超越》第四章的核心内容。这主要体现在:第一,平台企业将审查义务和安全保障义务通过用户协议加以确认,可以通过制定私人的相关内容管理规则,对用户产生的在线内容进行管理,成为国家调控的代理人。其次,平台的主体责任模糊。尽管在法律上区分了一般的民事和行政责任,但对于行政义务的落实主要是进行过滤和删除,在民事上则尽可能利用连接内容生产获利并降低民事责任(如小程序案)。第三,平台企业开发出投诉、举报、纠纷解决等系列制度,使得理性的救济程序开始出现,比原来国家对言论的管理更加透明,也能够快速处理大量纠纷。第四,平台企业的商业言论表达可能会通过大众表达加以掩盖,因为它们实际上可以通过人力或算法操纵在线言论,其私人监管能力和控制力十分重要。虽然传统上对言论审查的威慑模型在实名制的推动下更为有效,但也逐渐让位于渐进而细微的处罚措施,如积分、社会信用、黑名单、短期封号等。

我们甚至可以在模式 D 的基础上进一步细化出**网络化平台调控模式(模式E)**:

(1)制定平台内容管理规范;

(2)通过商业手段激励内容生产;

(3)通过智能算法过滤、匹配与预测;

(4)事实上进行隐形区隔言论,公共性减弱;

(5)开发举报投诉等纠纷解决机制。

模式E部分体现在《网络信息内容生态治理规定》中,其中要求网络信息内容服务平台应当履行信息内容管理主体责任,加强本平台网络信息内容生态治理,建立网络信息内容生态治理机制,制定本平台网络信息内容生态治理细则,健全用户注册、账号管理、信息发布审核、跟帖评论审核、版面页面生态管理、实时巡查、应急处置和网络谣言、黑色产业链信息处置等制度。但又不仅如此,平台可以被视为一个高度复杂的生态系统,平台企业通过法律、社会规范、用户协议、技术、市场等手段综合调控言论,是一个融合市场与计划过程的信息生产与消费机制。平台企业既是监管者,又是生产者和匹配者。更主要的是,言论表达和人们在网上的日常行为紧密结合在一起,任何行为数据放在一起都可以潜在地对人们的表达行为进行预测和评估。对言论内容的调控也就变成了对人的行为的一般性调控,调控措施也就自然转向各类影响人的行为的要素,如助推和声誉机制。

模式C与模式D、E代表了中国控制论治理模式发展的两个阶段,即从网格演进至网络,并在特定情形下相互转换,更加灵活。例如疫情期间在网格和网络模式之间根据需要进行的精准而灵活的使用,推动而非完全阻隔流动性。本文简要提炼的模式D与E关注的则是信息内容的流动,沿着这些思路可以进一步追问:数字信息内容生产是否会因平台企业的利益考量而成为新的网格?平台企业对内容的管理权是否需要法律限制?网格和网络模式哪一种更有利于言论调控?

言论调控模式进一步凸显了传统司法保护以宪法权利为中心的治理模式的不足,单纯以法院活动为中心不仅容易遮蔽立法与行政行为,也容易遮蔽法律之外其他手段综合调控的重要性。如果法律之外的手段仍然可以被法律人在模式 A 和 B 的惯性思维下以非法律问题为借口无视,或者非要将其纳入教义学严密体系加以解释,那么模式 D 与 E 则已经以无处不在的实践进行了"超越"或"舍弃"。

控制论是中国 20 世纪 80 年代以来社会治理的重要模式,尽管人们现在已经不再使用这一术语,但相关实践一直没有中断。本文试图在《超越》提供的基础模型之上,为中国语境下的言论模型提供一个承接传统的研究视角,也展示出言论表达权的研究远未结束,需要看到信息技术对言论形态和效果的深远影响。就像书中提到的,美国互联网平台也在不断变化的过程中,作为言论基础设施的平台企业同样在积极地对言论进行调控,因此我们甚至可以在 21 世纪看到中美关于表达权模式的某种一致性,这为理论研究提供了广阔的空间。当然,也许按照当下相关学科的学术规范,谈论中国问题仍然需要以美国问题作为引子,做成一个战略迂回,但更为直接有效的方式可能是直面中国问题,在经验中大胆发现新问题、新思路。规范意义上的言论法仍然存在,但反转已经出现,过去的中心模式实际上成了边缘,而新兴力量及其行为模式成了中心,而且是十分隐秘的中心。旧的问题尚未解决就可能被悄悄取代,研究者不可不察。

从街角到墙角：互联网科技巨头主宰下的政治与法律

——读左亦鲁《超越"街角发言者"》

凌 斌[*]、王 硕[**]

一、封杀总统：2020美国大选中的网络媒体平台

如果说四年前，Facebook因用户数据泄露影响了美国总统大选❶，还只是被拉下水，那么如今，没有什么比F(Facebook)A(Amazon)G(Google)A(Apple)继Twitter之后联手封杀时任美国总统特朗普，更能显示网络媒体平台及其背后的互联网科技巨头所拥有的主宰世界的现实力量。

早在大选投票的半年之前，Twitter从5月下旬开始给共和党总统候选人、时任美国总统特朗普的推文加贴"事实待查"标签，坐实了"标签共和国"(#republic)。6月11日，当时的民主党总统候选人、现任美国总统拜登呼吁其支持者签署公开信，要求

---

[*] 北京大学法学院教授、博士生导师。
[**] 北京大学法学院博士研究生。
❶ See Kevin Granville, *Facebook and Cambridge Analytica: What You Need to Know as Fallout Widens*, at https://www.nytimes.com/2018/03/19/technology/facebook-cambridge-analytica-explained.html.

Facebook 及其创始人扎克伯格监管虚假信息和错误信息,对政治人物的广告进行事实核查。❶ 可谓针锋相对。

到了大选投票前后,围绕互联网平台控制公共言论的争议更是沸反盈天。先是《纽约邮报》(New York Post)在大选三周前发表了一篇颇具争议的头版文章,内容涉及在拜登小儿子亨特·拜登(Hunter Biden)的笔记本电脑上发现的照片和电子邮件,并指控拜登腐败。随即,Twitter 在几小时后就以违反其黑客资料政策为由,屏蔽了指向这篇文章的所有链接,尽管相比于此前,其并未审查和屏蔽同样是被黑客泄露的特朗普纳税申报表。而 Facebook 则选择通过其算法来大为降低用户可能看到这篇文章的机会。❷ 围绕《纽约邮报》文章的审查决定,当即遭到了政治派别两翼的强烈反对。参议院司法委员会的共和党成员称 Twitter 和 Facebook 的决定是"前所未有的选举干预"。偏左的记者则表示担忧,认为科技巨头过分阻止了数百万用户访问这个国家最古老和最大报纸发布的选举信息。❸

而 1 月 6 日特朗普的支持者攻陷美国国会之后,各大网络媒体平台和科技巨头一致宣布尚未卸任的美国总统特朗普"社

---

❶ 起因是扎克伯格此前决定对总统特朗普有关美国抗议行动的推文不采取任何行动,引发了公司内部的极大不满,一些员工甚至罢工、辞职以示抗议。

❷ See Kevin Roose, *Facebook and Twitter Dodge a 2016 Repeat, and Ignite a 2020 Firestorm,* at https://www.nytimes.com/2020/10/15/technology/facebook-twitter-nypost-hunter-biden.html; *Social media CEOs grilled about bias, misinformation and censorship,* at https://www.latimes.com/business/story/2020-10-28/3-social-media-ceos-face-grilling-by-gop-senators-on-bias.

❸ See May Yang, *Renewed Focus on Social Media's Role as Regulator of Speech,* at https://georgetownlawtechreview.org/renewed-focus-on-social-medias-role-as-regulator-of-speech/GLTR-11-2020/.

会性死亡":Twitter以"存在进一步煽动暴力危险"为由宣布"永久封禁"在四年时间里总计发出36000多个推文、拥有8800万粉丝的特朗普账户;紧随其后,Facebook和YouTube也采取措施禁止特朗普发声;谷歌(Google)、苹果(Apple)和亚马逊(Amazon)则一致下架了特朗普支持者广泛使用的应用Parler。以往总是指责传统媒体"假新闻"的特朗普,如今被他钟爱的网络媒体集体"封杀"。美国总统这个号称是"世界上最有权势的人",在网络平台和科技巨头面前不堪一击。

网络媒体平台对特朗普的"封杀"引发了不仅是美国国内,而且是世界范围的激烈争议。就连美国的欧洲盟友也纷纷感到不安并提出质疑。❶ 尽管时任众议院议长佩洛西在启动对特朗普的第二次弹劾时,直接援引了霍姆斯大法官在申科案[Schenck v. United States, 249 U.S. 47 (1919)]中提出的划定言论边界的"明显而现实的危险"(clear and present danger)原则,但同样甚至更为"明显而现实的危险",是原本被作为"思想市场"而崇尚"自由竞争"的互联网平台,如今已经深深卷入纵容煽动暴力政变或封杀意见领袖的政治旋涡之中。

应当追问的是,这些互联网科技巨头何以能够直接介入和干预自己平台上的公共讨论?网络媒体平台是否真的是中立"平台"?其究竟应该在公共讨论中扮演何种角色,发挥什么作

---

❶ 当地时间1月11日,时任德国总理默克尔通过其发言人在例行新闻发布会上表示,自由表达是极为重要的基本权利,任何限制都应该由法律而不是私人公司来决定。而法国多名重量级政界人士也纷纷表示震惊,认为对网络平台的管制是国家和司法机构的责任,网络平台巨头公司对特朗普的封禁和特朗普的危险言论一样是对民主的威胁。而时任英国首相鲍里斯·约翰逊则表示,有关社交媒体公司在言论管制上的界限需要一个开诚布公的对话。

用？进而,应当建立什么样的法律框架来规范网络媒体平台及其背后的互联网科技巨头的公共行为？这些问题不仅是美国的问题,而且对于今天中国的社会主义现代化建设同样具有重要的现实和理论意义。

我的同事、北京大学法学院的左亦鲁老师在新近出版的专著《超越"街角发言者"》,为深入理解这些问题提供了难得的理论基础,并将这个领域的理论研究开掘到了前所未有的广度和深度。本文也将借助他的出色研究,以美国大选中暴露出的网络平台深度介入和重度干预公共选择为契机,提出一些可能的理论思考。

二、"街角"与"墙角":公共空间的两种类型

为了深入理解网络平台的公共角色,可以把公共讨论的政治空间分为两种类型:"街角"和"墙角"。移动互联网带来了一场从"街角"到"墙角"的媒体空间革命。

按照亦鲁的研究,"街角"是传统的前大众媒体、前互联网时代公共讨论的经典空间。参与公共讨论的典型代表,是耶鲁法学院荣休教授欧文·斐思(Owen Fiss)提出的"街角发言者"(the street corner speaker):"所谓'街角发言者'就是一个站在街头发表言论的人。"(第118页)其典型场景是"在都市热闹的街角,一个人站在肥皂箱上向听众发表他的政治观点。"这一场景是"一种最典型的人际传播……发言者和听众的交流是直接的和无中介的。"正如斐思教授所说,"美国对表达自由的传统理解是源自这样一个经典场景:'在某个大城市的街头,一个人站在肥皂箱上开始发表批评性言论。这位批评者随后就因违反治

安被警察带走。'"(第118页)在很长时间里,站在肥皂箱上的街角发言者或者街头政治家都是美国民主政治的一个象征。

街角发言者对应的是以"街头演讲"为主要形式的"街头政治"。❶ 其原型被认为是来自于17世纪北美新英格兰殖民地的市镇民主。❷ 新英格兰市镇的参与式民主采取直接民主和审议民主的形式,并逐渐发展为通过街头演讲和公共论坛的方式实现对公共议题的深入讨论和民主决策。这种"源自19世纪的浪漫想象"正如杰米里·巴隆教授看到的,构造了关于公共讨论的一个理想类型:"美国建国初期,普通民众可以通过在街头和市镇会议自由发表演说,或者通过办报和散发传单来表达自己的主张。在这种对历史的想象中,普通民众发表言论不需要通过任何中介和代理,他们可以毫无障碍地表达自己的观点……因为他们与发言者同处街头或市镇会议之中。"(第122页)

我们当然不必对"街角"式的公共讨论有过于理想化的想象。街角式的直接对话注定只能是小范围、社区性和地方性的人际交流,不再适应大规模城市化、信息化和陌生化的时代,即使在美国也已经成为了昔日的陈迹。这也是《超越"街角发言者"》揭示的历史"超越"。但毫无疑问的是,对照斐思教授提出的这个理想类型,我们很容易看到今时今日的现实处境。

移动互联网时代,街角的声音不再被他人听到。再没有人跑到大街上去看一个站在肥皂箱上的人夸夸其谈了。而不被听

---

❶ Street Corner 一词的翻译大约是受到一部社会学著作《街角社会》(Street Corner Society)翻译的影响,因而诞生了"街角"这样一个中文中原本没有的新词。在亦鲁的书中,"街角"和"街头"是不同场景下混用的概念。

❷ 参见〔法〕托克维尔:《论美国的民主》(上卷),董果良译,商务印书馆1989年版,第79—84页。

到的也就不再是"言论"(speech),只是"声音"(voice)甚至"噪音"(noise)。言论的空间转移到了手机上,分割为了微博、Twitter、豆瓣、知乎、Facebook、微信公众号和抖音、快手直播间的一个个信息茧房中"隐秘的角落"。此时的公共讨论只有借助新型的媒体中介,也就是网络平台才能发生。

因此,模仿和类比斐思教授的说法,相对于街角的开放空间,我们可以将移动互联网时代日益封闭的公共空间比喻为"墙角",从而将移动互联网时代公共讨论的参与者,称为"墙角发声者"(the cornered voicer),或者——也许更为准确地——称为"茧房鸣叫者"(the cocooned twitter)。因为这些参与者的声音既然已经不再是"言论",而只是"声音"甚至"噪音",那么他们也就不再能够被称为"发言者",而只能是"发声者"。随着公共空间日益被网络媒体平台所占据,普通民众甚至政府官员已经越来越被平台圈禁于"信息茧房"中,被一步步逼入信息死角。移动互联网时代的公共空间,被高度压缩在了手机屏幕的方寸之地。虽困兽犹斗,但无力挣脱。呼天抢地,亦如向隅而泣。绝大多数人的声音或者被忽视,或者被淹没,或者被屏蔽,或者被分类(classified)。在每一个细分的垂类中,有其特定的封闭的言者和听众——或者被直接屏蔽在平台之外,成为真正意义上的"死"角。

在这样一种高度管控的公共空间中,只有那些被平台放大的声音才是公共讨论中的"言论";只有那些声音被平台放大的用户才是公共讨论中的"发言者"。他们不再是分散和游走在各个"街角",而是同样被置于逼仄的"墙角":只是因为平台把聚光灯对准了这个墙角,这些"墙角发声者"才成为了远远高居"长尾"之上的"头部发言者"。因此,网络平台实际上(声称是通过算法)操纵着公共讨论的进程,根据平台企业的商业需求赋予每个发声者以不同的媒体角色:是算法推荐的"头部发言者",还是信息茧房中的"墙角发声者"。这也正是 2020 年大选前后特朗普及其支持者 Twitter 账号的两种命运。

网络媒体平台由此改变了公共空间的基本格局。以往的街道是死的,而人是活的。发言者可以利用个人或组织的能动性、制造议题、营造氛围、选择阵地,把街角变为街头。如今的平台是主动的,而用户是被动的。用户被压缩和圈禁在高度分割、破碎、孤立的信息茧房之中,几无自主的余地。尽管网络是一个虚拟空间,但是通过控制这个虚拟空间,却可以彻底主宰现实世界的方方面面。最终,正如 2020 年美国大选所彰显的,甚至无需数据和算法的伪装,互联网科技巨头公司可以自己制定规则,通过关闭账户和下架应用,来直接干预和主宰现实政治。

正是在这样的背景下,关于公共讨论的法律理论已经明显捉襟见肘。显而易见,正如亦鲁书中所说,"在这一背景下,如果还是将其认定为'发言者'从而去保护它的'新闻自由',就等于将整个社会的传播和交流的咽喉与枢纽放在了少数商业巨头的手中。"(第 142 页)这时,仍然把媒体平台视为一个霍姆斯、科斯式的,任由各类观点在"思想市场"中"自由竞争"的中立性、第三方中介,就显得过于不切实际,甚至是掩耳盗铃。认为"相较于传统的印刷和广电时代,互联网、无线网络、智能手机、可穿戴设备、社交平台以及各种应用程序(App),使得普通人参与文化创造和传播变得前所未有的容易",乃至"新技术的确为实现或激活这一理想提供了'基础'或'基础设施',文化表达或许迎来了一个从后台走上前台的机遇",(第 90—91 页)如今看来都显得过于乐观了。

因此，相比于传统的放任主义，亚历山大·米克尔约翰代表的自治主义尽管强调"广泛接收信息和对公共议题的公共辩论"，(第39页)依然难以有效应对咄咄逼人的网络平台。自治主义主张，网络平台"由于被认定成承载不同言论和信息的'公器'，这些媒体的首要职责是尽可能广泛、公平地呈现各方声音（而不是首先表达自己），因此当它们的新闻自由与大众的表达自由发生冲突时，前者应服务于后者。"(第8页)然而，2016年和2020年两次美国大选已然充分表明，互联网同样在不断远离充当"承载不同言论和信息的'公器'"的公共理想。特朗普的当选和败选都意味着，既没有自由竞争的"思想市场"，也不存在"广泛接收信息和对公共议题的公共辩论"，民主选举已经彻底沦为了网络平台和科技巨头操控下群体极化的激进政治。

那么，这些网络平台何以在公共讨论中具有如此强大的地位？其作用如何？媒体是否应当或者有权通过屏蔽、删帖、贴标签等方式，主动介入和干预公共讨论的内容和进程？进而言之，是否还有可能以及如何将公共讨论从"墙角"解放出来，重回"街角"的中心位置？

三、法律护航：从大众媒体到网络平台

这就首先要看，公共空间如何从开放的街角一步步被逼入封闭的墙角，法律在其中扮演了怎样的角色。亦鲁的这本新著对于我们理解这一历史进程，特别是其中的法律角色尤其具有启发。

本书的一个重要贡献，是把网络媒体平台的发展放在了一个更长的时段中，也就是自大众媒体兴起以来的演进过程中

加以研究。书中的一个重要观点在于,不论是政治性的还是非政治性的公共讨论,其生态环境已经彻底改变,而要理解媒体平台在公共讨论中的地位与作用,必须将其放在互联网带来的政治和文化变革的宏观背景之下:"作为表达自由的'基础设施'和媒介,互联网对表达自由的影响日益突显……互联网等新技术为普通人参与文化创造和传播创造了前所未有的机会。"同时"'个人—企业—政府'三角关系开始取代'个人 vs.政府'二元对立,成为网络时代表达自由互动和博弈的新形态。"(第9页)

按照书中的介绍,"公共讨论中'街角'论坛的衰落,开始于二战之后的大众传媒的兴起。大众传媒起初发端于20世纪50年代报纸、广播和电视的大发展,此后是八九十年代的有线电视网络,再之后便是世纪末互联网的横空出世。其结果,是"离开作为媒介的大众传媒,任何大众和公共传播都只能是空谈。"(第116—117页)那么,正如作者在书中所问:"随着广播等大众媒体的兴起,媒介变得日益能动和'走上前台'……报纸、广播、有线电视和互联网等媒体,它们首先是'发言者'(speaker)还是'媒介'(medium)或者平台?不同媒介是否应适用不同的表达自由标准?当媒体的新闻自由与大众在媒体上发声的表达自由发生冲突,何者优先?"(第8页)

由此引发的,是美国起于20世纪60年代末、贯穿整个70年代的关于大众媒体法律定位的一系列宪法争议。因此书中重点考察的也是美国法上的理论和实践。特别是其第三、四、五章,也就是全书的三分之二,都与美国法上对媒体平台的公共管制直接相关。

此类问题在美国法上的基础,是美国联邦宪法第一修正案和由此派生的一系列宪法判决。按照作者的梳理,第一个里程碑式的案件是书中所称的"红狮案"。❶ 该案的判决"否定了广播者'发言者'的身份,而将其定义为无数普通公民表达、讨论和交流的媒介和平台",因此要求广播公司必须履行其"代理或信托义务"(proxy or fiduciary duty)。(第101—102页)理由在于,"为了实现'作为一个整体的人民'的有效'传播和交流',广播应该让公民能够发出不同的声音——判决书中所说的'将共同体内的不同观点呈现出来'。"(第102—103页)此后虽然几经反复,但是大众媒体作为公共讨论的"管道""渠道""瓶颈""看门人"的特殊地位日益获得了公认,(第139、142页)美国法也以此为基础对大众媒体作出了底线性的公共规制。

但是在世纪之交,随着互联网的兴起,美国法再度发生了根本性的转变。自1996年美国《通信规范法案》(The Communications Decency Act 1996)的"230条款"以来,美国法院通过一系列判决为这种全新的媒体平台开拓出一条光明大道。书中提到的"雷诺案"是一个典型例证。❷ 美国联邦最高法院的9位大法官一致认为,"互联网已经从60年代美国军方发明的通信工具变成了今天一种独特而全新的人类交流的媒介",并且声称互联网具有"极易接近""内容丰富多样""浏览的直接性和主动性"以及"去中心化或分散化"等特征,(第153—155页)将互联网重新装扮成了"那种'19世纪的浪漫想象'——普通公民可以没有障碍地演讲、辩论。在他们看来,互联网就是一个存在于虚拟空间的街头或市镇会议"。(第165页)

正是基于美国宪法第一修正案、国会制定的"230条款"和美国联邦最高法院以"雷诺案"为代表的一系列宪法判决,美国

---

❶ *Red Lion Broadcasting v. FCC*, 395 U.S. 367 (1969).
❷ *Reno v. American Civil Liberties Union*, 521 U.S. 844 (1997).

互联网巨头迅速发展成为了公共讨论的基础设施,掌握了个体乃至媒体发出声音的命脉资源。如书中所说,"互联网不是诸多媒体或平台中的一种,它早已成为一切的平台和基础。"(第189页)互联网空间中的公共讨论取决于平台的资源分配,而平台的资源分配则掌握在平台手中。

这背后又牵扯到人工智能和大数据推荐算法的法律庇护。今日的网络媒体平台,无一例外,都是互联网科技巨头。同样是依托于美国宪法,以言论自由为名,代码、算法成为了介入和控制公共讨论的主要方式,(第216页)并且其本身也获得了一系列判例的保护。(第218—227页)以至于如今,书中甚至断言,"算法的确使它的主要拥有者——商业巨头们——获得了一种近乎上帝的权力。"(第215—216页)更不必说,"私人企业还掌握着另一项无价的财富——个人数据。"(第211页)

随着移动互联网成为政治斗争的中心,相应的法律争议日益激烈,美国法律为互联网平台保驾护航的实质也被进一步揭露出来。首当其冲,长期作为其保护伞、护身符和避风港的CDA"230条款"不可避免成为了斗争焦点。自1996年以来,CDA"230条款"把这些互联网科技巨头仅仅视为提供"交互式计算机服务"(interactive computer service)的"网络服务提供者"(provider),视为"网络中立"的"第三方""平台",因而区别于平台上的信息"发布者或发言者"(publisher or speaker),并且无需对用户发布的内容承担责任。

率先发难的时任美国总统特朗普,在发帖指责Twitter给自己推文打标签是"干涉大选、扼杀言论自由"的同时,随即签署了一项行政命令,声称要限制网络媒体公司根据"230条款"享有的不因用户发文内容而被追究的免责特权。而当时的民主党总统候选人、前副总统、如今的美国总统拜登也在随后表示赞同废止这一条款。不仅像共和党参议员特德·克鲁兹(Ted Cruz)和众议院议长佩洛西这样的政客纷纷指责该条款是对科技公司的额外"补贴"和"馈赠"❶,甚至美国联邦最高法院的托马斯大法官也建议对"230条款"重新进行审查,改变以往过于宽泛的司法解释。❷ 2020年10月底,Twitter、Facebook和谷歌三大公司总裁在美国参议院商务委员会听证会上就互联网平台责任以及修订"230条款"等问题接受质询。

显然,继续维持"230条款",继续维持网络媒体自1996年以来长达25年的法律特权,使之既可以基于"用户协议"对用户发布的信息内容自由审查,又可以享受"言论自由"而无需承担任何责任的这一立场已经越来越不得人心、难以服众。正如2019至2020年担任英国数码、文化、媒体和体育事务大臣的保守党议员妮基·摩根(Nicky Morgan)在接受英国广播公司(BBC)采访时所说,前述事件"消除了对社交媒体其实就是(信息)发布者的最后疑虑,也就是说它们对发布在自身平台频道上的内容负有责任,它们并不像自己一直以来所辩解的那样只是一个平台。"❸

总之,不论斗争的结果如何,互联网媒体平台的崛起和统

---

❶ See Daisuke Wakabayashi, *Legal Shield for Social Media Is Targeted by Lawmakers*, at https://www.nytimes.com/2020/05/28/business/section-230-internet-speech.html.

❷ See https://www.supremecourt.gov/orders/courtorders/101320zor_8m58.pdf

❸ 参见 BBC NEWS:《美国总统特朗普被科技巨头封禁引发争议的三个重要问题》,载 https://www.bbc.com/zhongwen/simp/world-55666142,访问日期:2021年1月16日。

治,都并非一系列偶然、意外或者"非法兴起"的结果,而是直接来自美国法律的"保驾护航"。在法律的"保驾护航"之下,互联网公司迅速成长,彻底改变了大众传媒和公共讨论的演进方向。正是在美国法律看似管制实则支持的助力之下,公共讨论的空间被一步步从街角逼到了墙角,而网络媒体平台也掌握了封杀总统的超级权力。

四、重返中心:平台垄断与节制资本

正像我在几年前所写的,"学术上和战争上一样,边缘即中心。"❶同样,学术和战争一样,往往不能毕其功于一役。网络媒体平台在公共讨论中的角色定位和法律限度,不论在实践上还是在理论上,都将是一个持续辩论和不断延展的中心议题。

其中一个有待深化的内容,便是这些互联网科技巨头背后隐藏着的资本主宰。从街角到墙角的历史转变中,如何在法律上面对资本假手移动互联网的空前主宰,如何界定互联网科技巨头及其背后资本力量在公共讨论中的作用和责任,这将作为一个棘手问题充分暴露出来。

正如亦鲁在书中所写,自大众媒体兴起以来的一个典型现象便是商业垄断。20 世纪的报纸、广播、电视和有线电视是如此,21 世纪的互联网更是如此。"这些现代传媒帝国很容易利用他们大量的、不受制衡的权力来传播偏见和操控报道",以至于"公众彻底丧失了回应的能力和参与讨论的有意义的途径",(第107 页)"在强大的商业巨头面前,分散而孤立的公民

---

❶ 凌斌:《论文写作的提问和选题》,载 https://www.sohu.com/a/143115656_761309,访问日期:2021 年 5 月 14 日。

在绝大多数时候并无还手之力。"(第207页)更不用说,这些企业和美国政府联起手来就更为可怕。(第209页)从"街角"到"墙角"的空间扭曲,正是资本假手移动互联网分而治之的必然结果。

其中尤为重要的是,这一切都是在其宪法和法律的庇护之下的合法行为。美国体制的基础一直被视为其所谓的自由民主。以往,正是通过其宪法和法律保护的言论自由和选举民主,美国民众能够周期性地集结起来,形成了对资本的制约力量,因而一度成为了全球资本主义体制的"山巅之国"和自由世界的"灯塔"。如今,资本反而通过大众媒体特别是网络平台控制了言论和选举,把曾经作为"街角发言者"的积极公民异化为了"墙角发声者"的意见暴民,将美国民众圈禁于"信息茧房"中分而治之,以釜底抽薪的方式颠覆了这个国家的政治基础。这既暴露出美国体制中的深层腐败和深远危机,也同时向世界表明——以前所未有的直白方式高调宣告,美国法律如何为资本的政治统治保驾护航。

而最为可怕的,也正是在本次2020年美国总统大选中暴露无遗的问题,是资本同时控制了尖端技术、传统媒体和网络平台乃至科研院所、立法、司法、执法分支以及政党,从而拥有了压倒民众和政府的绝对力量。这种压倒一切的绝对力量曾经被霍布斯称为"主权",因而本该属于人民,并由政府来代为行使。如今,却毫无疑问掌握在控制着媒体平台和科技巨头的资本手中。由此,也就易于理解,为什么科技巨头特斯拉的CEO马斯克于1月13日宣布退出Facebook,并宣称将尽快开发新的手机操作系统,以取代安卓和iOS;以及为什么另一个网络平台巨头亚马逊的创始人贝佐斯早早就收购了《华盛顿邮报》。不论是传统大

众媒体还是现今的互联网平台,已然成为资本争夺的政治高地。一旦两者"合众为一",就可以重新实现资本统治的"大一统"。❶

由此对法律实践提出的问题,也是突破网络平台控制的一个不可或缺的前提在于:节制资本。互联网也好,平台也好,应用也好,算法也好,并不会自己"发声"或"表达",不过是台前的木偶。关键之处,是如何对扯线的资本进行规范和引领。网络媒体平台本身当然有其技术性,但其运行的首要逻辑是追逐商业利益,因而也就不可避免与公共利益和公民个人利益有所分歧。尤其是,既然公共讨论不再是个人之间的自发论坛,而是严重依赖于媒体平台的有效支持,那么政府代表公共利益和公民个人利益作出规制,为信息传播和公众参与提供坚实而有力的法律保障,便显得不可或缺而责无旁贷。

反映在当下语境,一个明显的信号,是美国、欧盟和中国这三个全球最大的互联网市场,都在 2020 年采取了针对网络平台企业的反垄断措施。在美国,除了废止或修改 CDA "230 条款"的呼声日益高涨,10 月以来,司法部接连对谷歌、Facebook 提起反垄断诉讼。欧盟在不断开出巨额罚单的同时,新近提交的《数字市场法》被视为对互联网企业的最强监管。而在中国,从年初《反垄断法》修改,首次正式将互联网行业纳入其中,到阿里巴巴、腾讯旗下的阅文集团以及顺丰的关联公司丰巢因违反《反垄断法》被处以罚款,到 11 月 10 日市场监管总局发布《关于平台

---

❶ 晚近的一个事例,是以谷歌、亚马逊为首的数以百计的美国大公司和高管在《纽约时报》上签署声明反对歧视性立法,抨击乔治亚州的投票立法。See, David Gelles and Andrew Ross Sorkin, *Hundreds of Companies Unite to Oppose Voting Limits, but Others Abstain*, at https://www.nytimes.com/2021/04/14/business/ceos-corporate-america-voting-rights.html.

经济领域的反垄断指南(征求意见稿)》,再到12月11日中共中央政治局召开会议,首次提及"强化反垄断和防止资本无序扩张",可以说是开启了对网络平台及其背后资本力量的全方位管控。

而就理论而言,首要的任务便是在研究美国法的基础上,洞穿美国法对资本控制媒体的成功掩饰,破除为此制造的种种迷思和迷雾。比如前面提到的《通讯规范法》"230条款""雷诺案"和《千禧年版权法》中"避风港原则",以及理论上所谓的"网络中立性",都是典型的例证。冷战结束后,正是在这些司法判决、立法豁免和法学理论的掩盖之下,跨国资本依托互联网巨头,一路攻城略地,不仅令报刊、广播、电视和有线电视这些传统媒体岌岌可危,而且意欲把美国以外的世界都变成美国的局域网,把美国以外的媒体都变成全球的局域网。不看透这一层,不揭穿资本依托法律庇护、经由尖端科技和网络平台深度操控公共议题的本来面目,就无法真正认识问题的实质,也就不可能从根本上面对和应对这一前所未有的历史挑战。

正如美国法上的种种实践都源自对其宪法第一修正案的反复解读,当代中国法上的实践探索,也应当有自己的宪法基础。亦鲁在书中没有直接回答,但其第二章对中国宪法的阐发,完全可以作为讨论的起点。书中强调了两个宪法原则,一是基于宪法序言得出的"人民当家作主"原则,二是基于《宪法》第47条得出的"公民文化创造"原则。(第61页)同时,也许更为重要的是《宪法》第1条规定的"人民民主专政"原则和"坚持党的领导"原则。这些宪法原则,同样为中国网络媒体平台的"信托义务"和"公共职责"提供了源头活水。这样,落在实践层面,也许可以超越关于"表达""言论""自由"这些过于美国宪法式的概念的宽泛讨论,进而转化为中国的政治和法律实践。如冯象老师多年前在《北大法律评论》的访谈中所说,"当资本'成圣'之际,宪法基本权利的落实正可以用来对抗资本的教义"。而能否再度驯服资本这个洪水猛兽,宪法基本原则的落实同样具有不容忽视的重要意义。

而宪法基本原则和基本权利的落实,不论在美国、欧盟还是中国,都并非"徒法自行",而是有赖于政党、民众与智识的结合,从而凝聚为足以降服和指引资本的领导力量。如此,已然被移动互联网下媒体平台和科技巨头逼入绝境的"墙角发声者",或可打破"瓶颈",疏通"管道",推开"守门人",获得新生与解放,并在失落的"街角"讲坛之外,参与营造和维护一个良性互动的公共空间。

初稿,2020年6月18日凌晨,6月22日
北大肖家河
二稿,2021年1月16—17日、2月6日、5月17日
北大肖家河

当我们谈《超越"街角发言者"》时，我们要超越什么？

沈伟伟[*]

2021年B站跨年晚会上，B站邀请了知识区UP主"毕导"、时尚区UP主"十音Shiyin"、生活区UP主"拜托了小翔哥"和"小艾大叔"，他们站在观众簇拥的晚会现场，拿着麦克风当了回"街角发言者"，这些在荧幕前表现自如的UP主们，现场稍显羞涩、略带尴尬。显然，网络主播更习惯网络表达，并在用户们的弹幕、表情包、"素质三连"[❶]、网言网语中实时互动，这是前所未有的新表达方式。随着互联网在日常生活中由边缘走向中心，和这些B站UP主们一样，普罗大众对于网络表达，也从刚开始的无所适从，逐渐习以为常，甚至高度依赖。用杰克·巴尔金（Jack Balkin）的话来说，互联网已经变成数字时代表达自由的主战场（Central battleground over free speech in the digital era）。[❷]

这个变化，整整花了25年。从1996年到2021年，既是互联网产业的沸腾年代，也是理论界认识互联网的觉醒年代。恰

---

[*] 中国政法大学法学院副教授，大数据和人工智能法律研究中心主任。

[❶] B站用语，也称"一键三连"，指长按点赞键同时对娱乐作品进行点赞、投币、收藏。

[❷] Balkin, Jack, M., "Old-school/New-school Speech Regulation", *Harvard Law Review*, Vol. 127:2296 (2014).

当我们谈《超越"街角发言者"》时,我们要超越什么?

好是这25年的中间节点,2008年,我国网民数量超越美国,跃居世界第一。然而令人遗憾的是,我国有关表达自由的法学研究,在那时还踟蹰不前,至如今仍亦步亦趋,尤其唯美国马首是瞻。而主流法学界对美国表达自由理论的理解,尚且停留在前互联网时代的"思想市场""明显而现实的危险"和"允许批评政府官员的《纽约时报》诉沙利文案"这套经典话语体系中,对于互联网给言论自由理论带来的冲击,视若无睹。这就好像市中心的核弹已经爆炸,而警察却还在一旁的马路边,兢兢业业地给违章废旧车辆贴条。

在这个背景下,以研究为目的每天刷十分钟B站的左亦鲁老师,出版其首部专著——《超越"街角发言者"》。毫不夸张地说,这是目前国内法学界在言论自由理论领域的扛鼎之作。

诚如作者本人在导论里所说,除了前言和结论之外,其他各章都是已刊发论文的收录,虽然没有摆脱论文集的影子,结构略显松散,然而在作者重新润色修饰、纲举目张,以"内与外""政与文""质与器""旧与新""本与变"这五大主题串联成书,勾勒出一张层次丰富的多重对话网络之余,全书论证亦不失理论指向和连贯。尤其难能可贵的是,这些主题涵盖了多个学科领域,无论是法学、政治学,还是传播学、社会学,甚至计算机科学,只要读者关心"说话"这件事儿,多多少少能从《超越"街角发言者"》中找到自己感兴趣的论点。尽管本书出版不到一年,我们可以大胆预测,这部作品的辐射力将远远超出法学学科,"出圈"成为社科领域的重要文献。

在《超越"街角发言者"》中,作者的核心关切便出自其标题,顾名思义,是对原有的"街角发言者"理论作出新突破,提出原有水准之上的新洞见,这也是首次拿到这本书的读者应有之期待。读者们很自然能想到的问题是:当我们谈《超越"街角发言者"》时,我们要超越什么?展卷之后发现,所谓的"超越'街角发言者'"的新洞见,在作者眼里,至少包含如下三层意涵。

第一,超越"政治言论居于中心地位"这一言论自由理论的经典叙述。(第186页)

作者在书中详解了美国言论自由三大理论——思想市场理论、自主理论和民主自治理论。(第177—182页)三大理论属于美国法学院第一修正案课的常识,回应的是"为什么要保护言论自由?"这一根本问题。然而,在我国法学界,虽谈不上对三大理论"闻所未闻",但除了少数专门研究第一修正案的学者以外,中国学者对这一段学术脉络也未必了然于胸,甚至可以说,不少中国学者对于美国言论自由和第一修正案的理解,依然停留在上文所述的美好想象,甚至迷信。本书对三大理论的阐释和初步回应,对理解美国言论自由理论的脉络有很大参考价值,是国内学界知识上的增量。

当然,三大理论并非等量齐观。当今美国言论自由的"显学",毫无疑问是以欧文·费斯(Owen Fiss)、卡斯·桑斯坦(Cass Sunstein)、杰克·巴尔金等为代表的、共和主义式的民主自治理论,而强调政治言论居于美国第一修正案研究中心的这一传统,恰恰就拜民主自治理论所赐。❶

本书对这一主流理论提出挑战。作者有意识地远离,甚至超越政治言论这一中心,"挖掘一个被'政治中心主义'长期遮

---

❶ 在思想市场理论中,政治言论和其他言论都属于市场上流通的"商品"之一;而自主理论的关注点,并不在言论自由中的"言论"层面,而在于言论自由中的"自由"层面,尤其个体自由层面,也因此淡化了对于不同种类言论类型的区分。

蔽的维度——表达自由的文化维度"。(第7页)事实上,这也是在中国语境下讨论表达自由的应有之策。我国所关心的言论自由问题意识,恐怕不太容易在近代研究言论自由的美国第一修正案的讨论中,找到它完美的对应之物,也不能够简单套用美国理论来解决,而作者所关注的网络文化言论问题尤其如此。

我国有着一个多屏包围、倍速浏览、弹幕互动、水军丛生、机器发声等新现象层出不穷的特有网络言论场域,眼花缭乱的文化言论,通过微博、短视频、弹幕等新型网络媒体模式,以实时、互动等方式进行加工、改造,最终以某种快餐式的消费样态进入公共对话。而这些言论,在议题设定和讨论方式方面,其影响不限于普罗大众,也波及知识精英。这给文化言论研究本身也带来了前所未有的素材。一方面,互联网为那些"独自打保龄"❶的现代人,提供了一个向全世界直播、分享、互动的渠道;另一方面,海德格尔的哲学导论纪录片、阿玛尔的美国宪法通识课程、"五分钟带你读完红楼梦""桃子姐""互联网大厂求职攻略全讲解"……严肃的知识脉络和通俗的知识碎片,被混杂到互联网这一无限容量的万花筒里面❷,"普通人参与文化创造和传播变得前所未有的容易"(第91页),这也将给文化创造和传播带来全新的理论刺激。这些由互联网基础设施在国内普及后所引发的看似荒诞的现象,其内涵的丰富的理论含义,早已引起国外法学

---

❶ 参见〔美〕罗伯特·帕特南:《独自打保龄:美国社区的衰落与复兴》,刘波等译,北京大学出版社2011年版。

❷ 这涉及作者本人翻译的另一本有关言论自由的经典作品。参见〔美〕罗伯特·波斯特:《民主、专业知识与学术自由——现代国家的第一修正案理论》,左亦鲁译,中国政法大学出版社2014年版。

界的注意❶,但我国法学界却表现出一种令人震惊的漠然,不能不说是遗憾。

在这个大背景之下,作者从一位中国学者的视角出发,发掘中国言论自由场域(尤其是互联网)文化言论的特殊性,而恰恰是文化言论,能触及大众文化生产、文化领导权等核心中国关切,由此突破政治言论居于核心的美国言论自由理论传统,便是第一层"超越"。在这一层讨论中,我们可以看到言论并不仅仅是停留在言辞意义上的言论这么简单,且不论它与思想(Idea)、行为(Conduct)之间暧昧不清的边界,言论本身无论是对政治,还是对社会,甚至对个体,都会带来影响,政治中心主义着重关注前者,而后两者则需要像本书的作者一样,打破美国言论自由"显学"所设置的疆界,站在中国视角对其予以重新审视。

第二,超越街角发言者的"发言者—受众"范式,将媒介引入言论自由的思考,转化成更为丰富的"发言者—媒介—受众"范式。

街角发言者的"发言者—受众"范式,是美国言论自由的经典范式。建立在此之上的,是我们耳熟能详的申克案、布兰登伯格案、《纽约时报》诉沙利文案等判例。但这个经典模型,受到了新媒介——尤其是互联网——的挑战。简要概括作者的意思:要用街角发言者的旧瓶,来装互联网时代的新酒,既没必要,也不可行。因此,第二层"超越"牢牢抓住了媒介这一要

---

❶ 必须承认,网络文化言论在美国学界也有不少研究,比如尤查·本科勒(Yochai Benkler)的信息生产理论、劳伦斯·莱斯格(Lawrence Lessig)的Remix文化生产理论、杰克·巴尔金(Jack Balkin)提出的民主文化(Democratic Culture)理论、罗伯特·波斯特(Robert Post)对于大众传媒时代专业知识的讨论等。

素,从"发言者—受众"范式,转为"发言者—媒介—受众"范式。这一范式转换,早在20世纪末就已在美国学界开始。这段学术史的梳理,本书结合传播学理论亦有详论,此处不再赘述。

当然从媒介这一维度考察,我们可以进一步发掘中国和美国的不少差别。其中最大的不同,倒不见得是媒介技术层面——亦即书中所详尽阐述的从街角到互联网这一基础设施转变,这一点中美相差无几——而是媒介的具体应用实践和相应的规制模式。"怎么管媒介"可能比"怎么管言论",更具讨论价值。

放眼历史,美国言论自由的制度传统从申克案开始,到如今已有一百多年。这么长的时间段,可以根据媒介演进划出一系列断代,比如报纸时代、广播电视时代、互联网时代,对应的理论也可以划分为报纸时代的言论自由、广播电视时代的言论自由和互联网时代的言论自由。反观中国,如果用乌尔里希·贝克(Ulrich Beck)的话来说,这种"压缩饼干式"的变迁发生在中国的差不多25年间。❶ 不同类型的媒介,几乎同时对公共领域的表达发生作用,也间接导致了中宣部、中央网信办、工信部、文旅部等多层党政监管机构长期处于多重管制的局面,那么,在诸多媒介近乎同时发力、各大监管机构九龙治水的局面下,是不是存在一个有别于美国范式——几乎由司法判例主导的言论自由断代史——的中国式超越?本书讨论"发言者—媒介—受众"范式的媒介要素,主要还是以美国为主线,有关中国媒介规制的经验和理论探讨并未深入,不能不说是本书的一个遗憾。

第三,超越传统的"政府—个人"二元关系,讨论互联网时

---

❶ 〔德〕乌尔里希·贝克:《什么是全球化?全球主义的曲解——应对全球化》,常和芳译,华东师范大学出版社2008年版。

代的"政府—平台—个人"三元关系。(第188页)

历史照抄历史已足够令人惊异,历史照抄法学论著简直令人难以想象。作者在写作之时,已经提醒读者们控制网络基础设施的平台可能危及传统国家权力"釜底抽薪"式的政治经济操纵能力。而本书出版不到一年时间,现实世界便上演了与之对应的戏剧性一幕——特朗普社交账号被封,瞬间被切断直接网络传播的能力;与特朗普政见相左的西方主流领导人竟齐发声,谴责Facebook、Twitter等平台"不讲武德、不择手段"。其根源就在于夹进传统二元关系的新角色——平台,及原有宪制对其规制的盲区。

按照美国宪法的经典论述模式,第一修正案(以及美国宪法的其他条款)通常处理的是"政府—个人"二元关系,这是因为美国宪法判例中早早就确立的国家行为原则(State Action Doctrine)——宪法的基本权利主张对象,仅限于国家行为,而不涉及私人行为。平台一开始是被认定为私主体,因此,第一修正案仅在极少数情况下❶,才会将规制的范围扩展到平台。通常,平台都游离在第一修正案规制之外。而哪怕是在侵权法这样的私法领域,平台对于网络言论通常也无需承担责任,这归功于《传播风化法》第230条。❷ 但随着互联网平台力量的崛起,巨型网络平台逐渐演化为吴修铭所说的"总开关"❸,不但具有一般公共公司(Public Company)的特征,甚至在很大程度上接近,甚至

---

❶ 比如公司城(Company Town)这一特殊情况。See Marsh v. Alabama, 326 U.S. 501 (1946).

❷ See Jeff Kosseff, *The Twenty-Six Words That Created the Internet*, Cornell University Press, 2019, p.3.

❸ 〔美〕吴修铭:《总开关:信息帝国的兴衰变迁》,顾佳译,中信出版社2011年版。

当我们谈《超越"街角发言者"》时,我们要超越什么?

超过水电煤气等公共基础设施。在这一现实情境下,如何让平台的言论管控受到监督和问责,避免平台在言论管制方面对个人,甚至对政府造成威胁就成了言论自由传统理论需要面对的问题。

在这一点上,作者在耶鲁法学院的老师欧文·费斯,很早就嗅到新媒介对言论自由传统理论的冲击,在薄薄的一本《言论自由的反讽》小册子中,费斯有力地论证了新媒介所引发的"言论自由的反讽",亦即,原来扮演公民言论自由"头号天敌"的政府,却反讽地变成了保护公民言论自由免遭平台侵犯的唯一可以借助的力量,公民言论要靠政府扶持、靠政府资助、靠政府"补贴"。(第194页)《言论自由的反讽》原是四分之一世纪前的旧书,然而漫长的岁月并未使其失色,放在当下,其论点非但没有失色,反而更为铿锵有力。

而《超越"街角发言者"》问世于2020年这个历史时间节点,书中的问题意识也与这一大的时代背景不可分割。最突出的,便是巨型平台的私权力近年来的扩张,以致2020年成为全球各国政府实施平台强监管的分水岭。而言论管控能力,是网络平台(尤其是社交网络平台)的代表性私权力。较之前互联网时代,人们的发声渠道和成本确实得到了质的改善,但同时在众声喧哗的互联网时代,要让声音被听到,通常比发出声音更加困难,而在这方面,平台有着得天独厚的技术和架构优势。无论是今年脸书、推特封禁特朗普账号,还是去年微博撤蒋某热搜事件,都集中表现了当今国内外巨型平台对于言论的操纵能力。而与之对应的是,传统的国家权力在互联网言论空间中,暴露出严重的滞后和应对能力不足的问题。

因此,唯有回到本书所聚焦的"政府—平台—个人"三元关系,才能更好地把握互联网时代言论自由的症结。这种超越原有二元传统的三元关系,正如书中所述,将衍生出不同的排列组合——比如政府联合平台限制个人言论自由,个人需要求助政府来对抗平台对言论自由的限制,平台可以帮助个人抵御政府对言论自由的限制——也将极大丰富言论自由的理论空间,尤其在不同的文化传统之下,这个三元关系更具理论吸引力。❶

这三层"超越",也是本书的内核,展现出作者的理论野心——先破后立,重新释放言论自由的理论想象力。(第10页、第214页)当然,在我看来,如果把言论自由的讨论场域放宽,似乎还存在着另一层作者尚未论及的超越可能——从国内"街角"走向国际"世界"。具体而言,当言论自由的讨论场域被置于国际公共对话空间,从国内街角转战国际世界,我们发现言论自由不仅仅是一个民族国家内部的宪法问题,更是上升到国际政治意义上的、国与国之间的信息战问题。

我们不妨回到开篇所引的巴尔金那段话:互联网平台已经成为数字时代言论自由的主战场。❷ 现在,我们把这金句往前推一步也毫不违和:互联网平台已经成为全球数字时代信息战的主战场(Central battleground over information war in the digital era)。

---

❶ 中美网络内容管制文化比较,尤其斯诺登事件之后美国学者对于平台监控资本主义的担忧,参见 Jack Goldsmith & Andrew Woods, *Internet Speech Will Never Go Back to Normal*, at https://www.theatlantic.com/ideas/archive/2020/04/what-covid-revealed-about-internet/610549/; Shoshana Zuboff, *The Age of Surveillance Capitalism*, Public Affairs, 2019.

❷ Balkin, Jack, M., "Old-school/New-school Speech Regulation", *Harvard Law Review*, Vol. 127:2296 (2014).

当我们谈《超越"街角发言者"》时,我们要超越什么?

信息战意义上的言论自由,是一个以往不太受关注、而现在特别值得理论界研究的问题。我们传统意义上理解言论自由大都是在民族国家的范围内,但是互联网给我们打开了另一个世界,尤其从信息战的角度来说,网络言论完全可以跨越民族国家疆界,超越地缘政治。也正是在这个意义上,互联网拉近了国与国的距离。比如,以前俄罗斯对美国的威胁可能是在阿拉斯加的边界上面,现在信息战直接可以打到白宫椭圆办公室,正如美国声讨俄罗斯干预2016年美国总统大选那样,互联网信息的流通方式颠覆了整个地缘政治的问题。

在此意义上,我们再来理解言论自由理论或者第一修正案,可以找到一些全新理念。比如,第一修正案甚至可以被一些美国保守派学者视为信息战的绊脚石,典型代表是哈佛大学法学院的杰克·古德史密斯(Jack Goldsmith)。❶ 还是举俄罗斯干预美国2016年大选的例子。当时所使用的黑客技术,正如美国前总统奥巴马(Barack Obama)所言,还算"并不特别复杂——也不是什么精心策划的、高难度的间谍计划。"❷俄罗斯所采用的是普普通通的网络钓鱼攻击,在其他国家未必能获得成效,但在美国可以,其最重要的保障,是当时美国社交网络平台对于互联

---

❶ See Jack Goldsmith, *The Failure of Internet Freedom*, in David E. Pozen ed., *The Perilous Public Square: Structural Threats to Free Expression Today*, Columbia University Press, 2020, p. 241.

❷ *The President's News Conference*, at https://www.govinfo.gov/content/pkg/DCPD-201600851/html/DCPD-201600851.htm. 事实上,一旦人工智能技术介入,其将带来更大的难题,比如谷歌的人工智能算法,就因其在2016年俄罗斯干扰美国大选事件中推波助澜而饱受非议。参见 Charles Duhigg, *The Case against Google, at* https://www.realclearpolitics.com/2018/02/21/the_case_against_google_434922.html#!. 本书第五章对算法与言论问题进行了深入讨论。

网内容的放任,而这种放任背后最根本的制度根源,就是美国宪法第一修正案。❶

第一修正案的这个绊脚石问题,在传统美国自由主义的言论自由理论内部是很难处理的。当然,自由主义可能会有一套自己的方式,用以消解第一修正案对国家安全的威胁,比如紧急状态理论。就好像4年前"禁穆令"一样,尽管反对种族歧视是美国最重要的政治正确,但是在面临紧急状态的情况下,最高法官还是选择站在特朗普一边。同时我们也不能忘记,第一修正案撑起的"互联网自由"这面意识形态大旗,确实成为冷战后三十余年美国至关重要的一枚外交棋子,有着战略意义。❷ 但古德史密斯的疑虑迫使我们追问,美国传统自由主义的言论自由理论,能不能在互联网这个大变局之下,超越国内街角,超越民族国家,在更宽广的全世界范围内的信息管控体系之上得到检验和发展?这些理论能不能自行演化以因应时局?如果不能,这种自由主义理论的无力,是不是需要第一修正案学者们重新"立"起关于言论自由的新思考框架,超越美国自由主义传统理论?这可能带来另外一个"立"的可能性。

无论如何,《超越"街角发言者"》这本书所展现出的美国言论自由理论所面临的困境,或许能引起我们进一步的思考:超越"街角发言者",并不意味着对美国百年来言论自由理论的研究置若罔闻,更不意味着穷追猛打一顿批判就收工完事,而是意味

---

❶ 有关宪法第一修正案与《传播风化法》第230条以及相关平台责任的讨论,参见拙文《美国平台责任制度的源起与批判》(未刊稿)。

❷ 当然,"互联网自由"这面大旗被后来阿桑奇、维基解密等事件污染之后,已经不如以往那么鲜艳犀利;而且,背上"互联网自由"这样的偶像包袱,在平台经济时代,美国政府让规制巨头变得更为困难。

着深入理解美国言论自由理论下"街角发言者"的困境,真正超越它,让其成为我国言论自由理论创造力的源泉。因此,我们期待作者所起的话头不断有人回应和接续,更期待中国的宪治经验能在这种回应和接续中,为全球其他国家提供启迪。

表达权:站在中国看美国

李斯特*

蒙亦鲁兄赐教,见赠他的新著《超越"街角发言人"》。左亦鲁老师是著名的"榆风派"分子,该派的学术生理特征可概括为生于20世纪80年代的中国大陆,求学于2010年前后的美国顶尖高校。[1] 这不是八卦,因为2008年的金融危机是一重要分水岭,他们在求学期间,正值中美实力差距快速缩小,美国急需重新雄起(great again)之际。还有,相比恢复高考后走上法学之路的前辈,他们成长于更富足的年代,接触西方文化也更早、更广(亦鲁本人就是西方古典音乐和摇滚乐的粉丝[2]),他们不像多数的前辈那样,只有访问学者的经历,而是在青年时期系统地接受了美国的法律教育和学术训练。于是,面前的《超越》清晰地打上了这一代学人的学术烙印:既能深入美国法学的内部,又能站在中国看(平视)美国。《超越》处理的理论和材料多来自美国,但亦鲁十分自觉地发问:"别人的'中心'是否就一定是我的

---

* 华南师范大学法学院副教授,法学博士。

[1] "榆风"的出处,参见田雷:"译后记",载〔美〕詹姆斯·哈克尼主编:《非凡的时光——重返美国法学院的巅峰时代》,榆风译,北京大学出版社2016年版,第329—334页。

[2] 他曾撰文比较宪法与古典音乐。参见左亦鲁:《原旨主义与本真运动——宪法与古典音乐的解释》,载《读书》2017年第8期。

'中心'？"思考、探索中国的表达权道路是他的写作冲动和情怀。（第11页）《超越》的书名用了苦心，曰"边缘与中心"，而不是惯常的"中心与边缘"，体现了作者突破"街角发言者"的旧中心，促成边缘到中心的转移互换的雄心。（第1—5页）我想，这又何尝不能理解为曾经被视为世界法治边缘的中国，要向原先只属于西方的中心进军？本评论将沿着《超越》开辟的道路，站在中国看美国，谈一点我的阅读感想。

一

《超越》从2015年全国人大新修的"史上最严广告法"谈起，引出对表达权的"公共对话中心主义"的批评，指出"公共对话的核心就是建立一个不受干预的自由市场"，但"广告、学术言论和专业言论的价值是为公共对话和现代社会提供可靠的信息、知识和服务，应该有着完全不同于公共对话的逻辑、原则和正当性基础"，即波斯特所称的"民主胜任"。因此"公共对话之外，对内容的严格规范和限制却是主旋律"。（第12—55页）仅仅在第一章，亦鲁对美国理论和实践的谙熟，以及利用它们来分析中国现象的理论自觉和理论能力均已表露无遗，而对表达的类型及功能进行细致区分，进而有针对性地讨论相应的表达权规范，也突破了长期以来国内大而化之的表达权研究。

《超越》从中国《广告法》的修订切入表达权讨论，可能是受到美国联邦最高法院从1976年起改变长期以来的立场，使第一修正案覆盖商业言论的实践及亦鲁早年翻译的波斯特著作对此所进行的讨论❶的影响。(第34页)我想沿着亦鲁开拓的方向,在如何实现广告承担提供优质信息、开启民智的公共职能这一点上谈谈我的想法。广告作为商业言论所承担的市场功能,即冯象教授所言的"创名牌"。因此广告的前提是商标,"因为商标的私有垄断性质,使得广告宣传得以吸引巨额资本。"❷回到《超越》关于媒介的主题上,从报纸、电台、电视到互联网,不管大众媒体的"器"(媒介)如何发展变化,广告都永不缺席,并且深刻地影响着大众媒体的"质"(内容)。"1994年4月12日,一个意义重大的'小'时刻出现了:第一封被广泛传播的垃圾邮件:一个厚颜无耻的广告被发了出去。科学界的集体反应是'他们怎么敢这样'? 我们创造的这个具有无限计算能力的网络被用来推销洗涤剂(广告)?"❸自此以后,互联网走上商业化道路,互联网广告收入蒸蒸日上,也彻底改变了互联网这个最大的言论平台。互联网之父蒂姆·伯纳斯·李失望地指出当今互联网功能失调的三个原因之一:"在牺牲用户价值的情况下,产生不当激励的系统设计;比如基于广告的收入模式,在商业上奖励点击,诱导虚假信息的病毒式传播。"❹社交

---

❶ 参见〔美〕罗伯特·波斯特:《民主、专业知识与学术自由:现代国家的第一修正案理论》,左亦鲁译,中国政法大学出版社2014年版。
❷ 冯象:《"生活中美好的事物永存不移"》,载冯象:《木腿正义》,北京大学出版社2007年版,第62页。
❸ Leonard Kleinrock:《互联网之父:50年前,我参与发明的互联网,现在怎么样?》,载 https://cloud.tencent.com/developer/news/467885,访问日期:2021年8月10日,原文链接为 https://www.latimes.com/opinion/story/2019-10-29/internet-50th-anniversary-ucla-kleinrock。
❹ Deep Tech深科技:《"WWW"今诞生30周年,万维网之父发文斥互联网"3宗罪"》,载 https://baijiahao.baidu.com/s? id=1627784713686589609&wfr=spider&for=pc,访问日期:2019年3月12日。

媒体和平台为了用户和流量背后的收入,甚至欢迎更多的假新闻[1],这就是在广告模式助推下走向商业化的互联网。无论如何坚定的商业互联网的拥护者,恐怕都不得不承认广告的确妨碍着"民主胜任"的实现,也不得不承认《超越》提出的是一个真问题。

"在市场经济条件下的竞争,同类产品往往数量多而新品种层出不穷……故商标宣传,尤其是高档商品广告,势必不能停留在产品介绍和比较(即间接的比较;直接比较在很多国家是法律禁止的,我国亦然),而转向营造由商标所代表的生活质量和社会地位等特定消费群体的消费理想。"[2]商业广告的职能不是帮助消费者了解产品的性能,而是通过影响媒介和内容,引导着人们对产品背后的生活方式的选择,也就是说它是以"外"(公共言论之外)的身份全方位地影响着"内"(公共对话)的主体、媒介和内容。无论现代法治如何努力去规范广告言论,如通过大法官造法或立法上修改广告法,都只是一般意义上的"法治为市场保驾护航";它大概没有能力触及广告的这一再生产功能,即协助资本无远弗届地进驻所有新媒介,垄断对"美好"生活的合法想象,从而使广告的公共职能优先于商业职能而成为"利他的",(第51页)因为后者早已深深地规定在现代法治之中。

站在中国看美国,广告又象征着什么呢?广告的繁荣代表着市场的自由、产品的丰富、生活的多姿多彩、人性的解放,一句

---

[1] 参见左亦鲁:《假新闻:是什么?为什么?怎么办?》,载《中外法学》2021年第2期。
[2] 冯象:《"生活中美好的事物永存不移"》,载冯象:《木腿正义》,北京大学出版社2007年版,第62页。

话,它代表着西方体制的优越。没有广告,就没有了市场,也就没有了商标权等私有知识产权和消费主义观念主导的生活方式,何来言论自由呢? 广告,恰恰是表达自由通向市场隐喻(marketplace of ideas)❶的那座桥梁。(第39页)这个思想市场理论长时期占据着国内表达权研究的中心位置。从市场的隐喻中引申出去,表达权自由被建立在"政府 vs.个人"的二元对立之上,从而被理解为一种不受政府干预的消极权利。❷(第188页)《超越》对表达类型及功能的分类,对表达的受众能力的具体分析,以及其所提出的表达治理的民主胜任的目标追求,且主张对治理方式不能一概而论,都是对这一中心理论的建设性反思。在第四章,《超越》全面吸收和阐释了美国学者巴尔金、费斯、波斯特等人对此的批评,并指出,把表达自由理解为不受干预的消极权利在互联网时代早已不合时宜。(第206—211页)对该理论的火力更猛烈的批判来自本杰明·金斯伯格——"西方政府一直使用市场机制来规范大众的观点和见解。建立于19世纪和20世纪的'思想市场'有效地传播了上层阶级的信仰和观点,同时颠覆了下层阶级的意识形态和文化独立性。通过建立这样一个市场,西方政府打造了社会经济地位和意识形态权力之间的持久有力的联系,从而使上层阶级能够利用其中一个强化另一个……""西方人通常把市场等同于观念的自由,而事实上市场那只看不见的手几乎与政府的铁腕一样,都是有力的控制工具。"❸广告就是这只看不见的手的形式之一。由

---

❶ 该说法是霍姆斯在1919年的阿布拉姆斯诉美国案中提出的。
❷ 《超越》将其概括为"街角发言者"范式的三个特征之一。
❸ 〔美〕诺姆·乔姆斯基:《必要的幻觉——民主社会中的思想控制》,王燕译,南京大学出版社2021年版,第17页。

此想到《超越》第二章的主题——"政与文"。我们应指出,广告既是文化的,又是政治的。美国司法和学界把广告视为"外"和"文"的做法,或本意在于追求表达自由的新范式,但在此背景下容易成为一种掩护策略,尤其考虑到国与国之间的文化战争时,我们必须小心对待。❶(第58—91页)

二

从上面的立场出发,综观整部现代大众传媒史,《超越》描述的美国社会包括联邦最高法院在内,在旧媒体到新媒体的表达权斗争中的进步的行动,可被视为波兰尼所说的社会节制市场的反向运动。❷ 到了互联网时代,平台的言论监管责任、算法是不是言论等问题,(第215—251页)都是资本主义社会和国家节制资本的短期行为的斗争的延续。在整个斗争的过程中,美国联邦最高法院作为主角之一反复登场。《超越》通过联邦最高法院的一系列表达自由的要案,串联起美国的表达权斗争史。《超越》对这些深刻影响着美国表达自由的案例条分缕析,不但准确、扼要地提炼出核心的争论主题,而且再现了这些争论的历史背景,使身处中国的关注者得以明白这些争论何以成为争论,体现着关于美国表达权的国内研究在日益地摆脱意识形态

---

❶ 如《超越》第二章《政与文》认为,八二年宪法序言的第一自然段构建了一个超历史、超政治的文化共同体,第二至五自然段叙述共和国的政治共同体的诞生,固然有道理,但也应看到,中国从很早的时候开始就是一个政治共同体了,只不过不是现代的民族国家这样的政治共同体,而那个政治共同体影响着、甚至决定着中国古代文化的面貌。

❷ 参见〔英〕卡尔·波兰尼:《大转型——我们时代的政治与经济起源》,冯钢、刘阳译,当代世界出版社2020年版,第137页。

的干扰。在《超越》的严肃的研究中,美国联邦法院不再是那位超然的、理性的、听从法律的天启的、遵循先例始终如一的大祭司,而是在高度现实地、常常深文周纳地解释法律和选择判例来达到所欲的目标。读到这里,我想附《超越》的骥尾,指出联邦最高法院成为表达权斗争中的明星是属于美国的地方性知识,进而比较一下中美两国的表达权治理的异同。

在美国这样一个价值多元的移民国家中,需要有一个最高权力机关站出来担当与国会不同的角色,来维护表达自由的传统。联邦最高法院的大法官晋升之路极难,属于第一流的精英,职业颇具神秘色彩,符合民众对大祭司的想象;大法官可终身任职,因此获得更少直接为政治集团左右的超然地位,这使它得以成为国会和政府在职能上的对冲点,有效地缓解治理阶级内部的矛盾。波斯纳法官就坦承,联邦最高法院是一个政治性法院。❶ 它的好处在于,联邦最高法院可以非常方便地更改先例,以满足高度复杂的表达权治理的灵活多变的需要。正如《超越》指出的,最高院可以在托尼罗案中对红狮案绝口不提,又可以在帕斯菲卡广播案中格外强调起本案与红狮案的一致性。(第131页)"不同的大法官团体将产生不同的结果。"❷而结果有时如此具有戏剧性。在大都会广播公司案中,布伦南大法官为首的多数派本来占上风,可随着他在判决宣布的当天的退休,其他多数派成员也相继退休。到1995年6月,奥康纳大法

---

❶ 参见〔美〕理查德·波斯纳:《法官如何思考》,苏力译,北京大学出版社2009年版,第245—295页。

❷ 〔美〕欧文·M.费斯:《谁在守望言论》,常云云译,北京大学出版社2015年版,第152页。

官组织起新的多数派,推翻了原来的判决。❶ 另一方面,联邦最高法院一不掌握枪杆子,二不掌握钱袋子,属于三权中弱势的一支。由联邦最高法院来灵活地实现言论自由的控制,其危险性也小。国会和总统可以以多种方式来掣肘大法官们,防止他们作出出格的判决。于是,这套制度顺利运作的关键就只在于把政治立场可靠而政治判断能力出色的人输送到大法官的岗位上去。而联邦调查局的调查、美国律师协会的评估、总统的提名和参议院的投票表决,构成对大法官人选的严格而漫长的"政审"。在此意义上,美国的宪法司法化实在是用一种高度人治的方式来实现表达权的治理。

可是,这种方式并不适合中国。最简单来说,在中国,任何国家机构都要接受中国共产党的领导。如果试图照搬美国的宪制,制造一个类似的司法分支,将破坏中国宪法的最基本的原则。但是,如果我们顺着《超越》开辟的"中与西的问题意识"的道路来比较中美两国在表达权治理的异同,这将会大大丰富我们的认识。

美国联邦法院处理表达权的精髓在于言论和行动的区分,区分的标准在于是否存在"明显而现实的危险"。(第177页)这一标准,只能依赖于大法官们一时一案地作出他们的政治判断。在美国建国之初、美国内战、一战、俄国十月革命、二战、冷战等历史时期,具体判决呈现出高度灵活的政策性,让人只能老实地接受"法律的生命在于经验,不在于逻辑"(霍姆斯语)。把这一言论/行动的区分及标准与毛泽东关于表达自由的论说

---

❶ 〔美〕欧文·M.费斯:《谁在守望言论》,常云云译,北京大学出版社2015年版,第137页。

一比较，便妙趣横生。如《超越》中提到，霍姆斯曾言："宪法是为有着根本不同的观点的人所准备的。"（第71页）而毛主席强调敌我矛盾与人民内部矛盾的不同性质。❶ 表面上，两种说法截然相反，但从联邦最高法院的实践来看，大法官们做的倒更接近于毛主席说的。毛主席提到，各个阶级、阶层和社会集团对香花和毒草有各自的看法，从广大人民群众的观点看来，辨别的标准有六条，最重要的是社会主义道路和党的领导这两条。❷ 这与霍姆斯提出的"明显而现实的危险"相比如何？后者似乎只是没有明言不得对资本主义道路和资产阶级的领导造成明显而现实的危险而已。无论是区别香花和毒草、民主和专政，还是言论和行动，其标准都是高度政治性的。

毛泽东也谈到《超越》关注的公共对话之外的学术、专业言论，虽然侧重点与《超越》不同。毛泽东提到，禁止人们跟毒草见面，"这样的政策是危险的政策。它将引导人们思想衰退，单打一，见不得世面，唱不得对台戏。"❸"艺术和科学中的是非问题，应当通过艺术界科学界的自由讨论去解决，通过艺术和科学的实践去解决，而不应当采取简单的方法去解决。"❹"对于思想问题采取粗暴的办法、压制的办法，那是有害无益的。"❺ 可

---

❶ 参见毛泽东：《关于正确处理人民内部矛盾的问题》，载中共中央文献研究室主编：《毛泽东文集》（第七卷），人民出版社1999年版，第204—216页。

❷ 同上注，第234页。

❸ 毛泽东：《在省市自治区党委书记会议上的讲话》，载中共中央文献研究室主编：《毛泽东文集》（第七卷），人民出版社1999年版，第193页。

❹ 毛泽东：《关于正确处理人民内部矛盾的问题》，载中共中央文献研究室主编：《毛泽东文集》（第七卷），人民出版社1999年版，第229页。

❺ 毛泽东：《在中国共产党全国宣传工作会议上的讲话》，载中共中央文献研究室主编：《毛泽东文集》（第七卷），人民出版社1999年版，第279页。

见,社会主义中国在表达权保护上所追求实现的目标同样是民主胜任。当然,这是不同于美国民主的人民民主。

如果承认美国联邦最高法院的表达权判例也是高度政治性的决策,如果承认社会主义中国同样关心表达自由的实现,站在中国看美国就会有不一样的风景。前文已指出,《超越》的先进性在于质疑了把表达权自由建立在"政府 vs.个人"的二元对立之上,并将其构建为不受政府干预的消极权利的传统观点。放宽历史的视野,社会主义中国的实践从事实上支持了《超越》对传统观点的批判。1949 年后,社会主义中国没有建立著作权制度,但通过工资和稿费保障作家和其他文艺工作者的收入,以此来鼓励大量的出版和演出,改变当时文艺作品缺乏、不利于人民群众提高文化水平的局面。这是完全超出传统表达权的范围,但又确实属于政府在实现"增强公民个人认知能力"的目标上的积极作为。美国在建国初期,也曾出于保护本国印刷出版业和便利大众阅读的目的,长时间不保护外国著作权。社会主义中国对商标制度进行全面改革,在视商标为行政管理手段而非私有财产权后,商业广告随即长时间内销声匿迹。这些措施,长期以来只被看作限制表达自由的措施,未必适合被直接纳入表达自由的研究范畴。但是,通过这些措施,你会更深刻地体会到《超越》讨论的西方学者如巴尔金为什么要强调"民主文化",(第204页)费斯为什么会提"言论自由的反讽",(第208页)体会到《超越》为什么说"任何关于'政府可以是表达自由的朋友而非敌人'的主张都无异于'灵魂深处闹革命'"。(第208页)然而社会主义中国早已在行动了,而且只有在社会主义中国,表达权的民主胜任理论才可能得到堂堂正正的实践。谁是边缘? 谁是中心? 其中涉及的经验和教训,应当成为站在中国看美国的表达权讨论的重要内容,这正是《超越》给我们开辟的从边缘到中心的道路。

如是观之,简单认为中国因为没有类似的司法审查制度,就缺乏对表达权的司法保护的观点,完全没有把握住问题的实质。《超越》已经作出反驳。它指出胡戈、人肉搜索等问题实质就是表达自由的问题,(第203—206页)并由此拓展了中国的表达权研究的视野。美国的做法,如前所述,是价值多元的移民国家把表达权的政策性问题交给司法,从而维护自由主义的核心价值观;中国的做法,一则因为社会主义制度的性质不同,二则因为国家和社会处于改革的重大阶段,不宜牵一发而动全身,引发宪法上的重大争议。这一实践固然有其制度收益,但是问题则在于,由于高度集权和庞大的国家机构,官僚主义和形式主义一旦形成,对表达权的威胁将极大,比如各大社交平台因应懒政,本着但求无过的态度,设置难以捉摸的敏感词自动审查过滤,或出现举报即屏蔽的过度反应,导致大量信息被莫须有地拦截。目前还未见能有效应对这一挑战的很好的手段。在这一点上,又诚如《超越》所言,美国拥有"可能是最丰富的、也最有影响力的理论和实践。我们不应拒斥其中具有的智慧、经验和解释力,但也应意识到其背后生根发芽的独特'水土'"。(第11页)

三

我一直有个疑问:在一个社会里,表达权充分实现的结果究竟是分歧越来越多还是共识越来越多?哪种结果更好?"宪法是为有着根本不同的观点的人所准备的。"我认为那只是霍布斯的乐观主义精神的流露。如果彼此的根本观点不同,又如何能手按同一部宪法宣誓,站到同一旗帜下?谁能为纳粹和犹太人准备一部宪法?又有谁能为美国内战前的南方和北方准备一部宪法?有意思的是,如果真理越辩越明,则在言论自由的道路尽头等待我们的应是共识,何以美国有着全世界最丰富和最有成效的表达权实践,却在众多重大议题上看不到达成共识的可能?

我们看到美国联邦法院在展现它的进步性的同时也表现出它的局限性:它无力消除诸多对表达自由的真正威胁。阿桑奇、曼宁、斯诺登,很难想象谁有能力把这些烫手山芋递到联邦最高法院的手中,而联邦最高法院又敢伸手接过。❶ 脸书、推特等巨头对涉中国香港的政治言论的任意删除、折叠,对美国大选期间言论的干涉,也都没有受到约束。《超越》的关注点在公共对话之外,但如前所述,内与外有时是无法清楚界分的,而且还需要追问:美国目前的行动框架——通过第一修正案对言论进行区别对待——能否有效实现民主胜任?在不触动资本主义经济基础的前提下,又该如何阻止"医生、律师、教士、诗人和学者变成它出钱招雇的雇佣劳动者"?❷ 这一次疫情,面对既属于高度专业的科学言论,又属于公共对话的重大议题,美国宪法好像还没有为有着根本不同的观点的人做好准备?

在这一点上,墨子和霍布斯要更加不在乎掩饰。墨子言:

---

❶ 《超越》在第 209—211 页提及上述人和事,但强调的是在互联网时代政府与控制着信息基础设施的企业的同谋的严重后果。

❷ 马克思、恩格斯:《共产党宣言》,载中共中央马恩列斯著作编译局编:《马克思恩格斯选集》(第一卷),人民出版社 1972 年版,第 253 页。

"天子唯能一同天下之义,是以天下治也。"❶一同天下之义,是说要形成根本观点的一致,才可能建构共同体。经历英国内战的霍布斯无疑更赞同墨子。❷ 霍姆斯也经历过美国内战,但在他进入联邦最高法院时,美国宪制的危机时刻已经度过了。然而,霍姆斯作为一位成熟的政治家,他说这话时是把真正根本不同的观点归入行动了,即区分内部矛盾与敌我矛盾。而且,美国说这话有它的底气,就是"一同天下之义"已经实现,这体现在美国政府(包括法院)和美国媒体在很多重要的公共议题上无须强力,就能保持高度一致。

赵鼎新教授在《伦敦骚乱》中分析,英国政府能在骚乱面前保持自信的、强硬的姿态,在于英国的主流媒体和政府紧紧地站在一起。媒体的舆论导向使得英国公众迅速地站到了政府一边,从而改变了英国社交网络的舆论方向。"这高度的一致不是来源于政府对新闻的控制,而是来自于政府官员和新闻从业人员在核心价值认同上的高度一致。"❸我想,这一论断放在包括美国在内的整个西方的身上都很适当。其内部原因就是前面所说的资本借助思想市场的表达权理论,其通过广告等形式,娴熟地掌控大众媒体。外部原因则是在国际意识形态的斗争中,西方依然占据着中心的位置。

因此,站在中国看美国,我想对《超越》的内与外再作一点补充,表达权的边界不能脱离了"外"(国外)来考虑。现实

---

❶ 语出《墨子·尚同》。参见吴毓江:《墨子校注》(上卷),中华书局1993年版,第108页。
❷ 参见〔英〕霍布斯:《利维坦》,黎思复、黎廷弼译,商务印书馆1985年版,第251页、第255页。
❸ 赵鼎新:《伦敦骚乱》,载赵鼎新:《民主的限制》,中信出版社2012年版,第111—123页。

中,人们对于本地、本国的信息和意见能否顺畅地传播的关注程度显然远重于他国的信息,但在五大洲"鸡犬之声相闻",不可能"老死不相往来"的今日——新冠肺炎疫情期间,哪个国家能独善其身?——这对民主胜任的威胁要大于以往的任何历史时期。"外"又影响着"内",如前面提到的,美国每次经历重大的战争或面对强大的敌人时,表达权的边界便发生变化。"外"也同样一直影响着中国的表达权的边界和治理手段,从匈牙利事件到今天的中美贸易战。内外的攻守之势也一直在发展变化之中。长期以来,西方的表达权的神话一直以个体至上和自由思想市场的面目在中国兜售,今天,《超越》已经以扎实的研究批驳了这个简单的神话,告诉我们一个更为丰富和真实的版本。这可不可以算作吹响了"攻守之势异也"的号角?此后的中美两国的表达权治理又会各自作出怎样的调整呢?亦鲁在新作《假新闻:是什么?为什么?怎么办?》❶中,对上述问题已经作出进一步的思考。他已经在兑现《超越》中"本书是一个研究阶段的结束,但更是一个新阶段的开始"的诺言。

2021 年 8 月定稿于广州

---

❶ 左亦鲁:《假新闻:是什么?为什么?怎么办?》,载《中外法学》2021 年第 2 期。

LAW BOOK REVIEW

本土墨香

被"锁死"的法律与文学

李斯特[*]

《三体》中,三体文明向地球文明发射智子,锁死地球的基础科技研究。本文借用"锁死"一词,分析当下中国的法律与文学运动的困局和可能的破壁。

刘慈欣:《三体》,重庆出版社2008年版

---

[*] 华南师范大学法学院副教授,法学博士。

一

我曾有过开设法律与文学课程的设想,但屡屡被现实劝阻。不论在本科生还是在研究生的课堂上,我都发现多数学生对中外名著相当陌生,对四大名著的了解主要来自影视作品。曾令我惊讶而现今见怪不怪的是,我竟然要在课堂上介绍梁祝和窦娥冤的故事情节!这一点,苏力教授已有详细的分析:阅读衰落了,因为文字阅读的收益在减少,而机会成本在增加,文字作品要面临比以往激烈得多的竞争。❶ 我甚至认为,人类文明的轻舟已经驶过文字创作的巅峰。动态音像的即时传输,大大取代了文字,使其无需精雕细琢。在十余年的从教生涯中,我发现学生的文字阅读和写作能力不但没有显著提高,甚至还有所下降。因此,法律与文学主要成了法律与影视❷,或者折中一下,法律与网络文学❸。这是大环境。

此外,与法律与文学的发源地美国相比,中国存在先天不足。美国的法律教育是研究生教育,无论师生都具有交叉学科背景。尤其是处于上游的法学院,由于竞争激烈,求职者多具有法律博士(JD)和哲学博士(PhD)的双重学位。一方面,在这一背景下,法律与文学研究既是学术兴趣所在,更是激烈的学术竞争下必然的出走。中国的大学提供本科法律教育,法学院的

---

❶ 参见苏力:《阅读的衰落?》,载《求索》2015 年第 11 期。
❷ 参见苏力:《"一直试图说服自己,今日依然"——中国法律与文学研究 20 年》,载《探索与争鸣》2017 年第 3 期。
❸ 参见陈颀:《历史穿越小说中的宪制改革与世界想象——以〈新宋〉和〈宰执天下〉为例》,载《东方学刊》2020 年第 3 期。

师生绝大多数是单一的法学学科出身。虽然在本科阶段,选择法律专业的原因与动机是多样的,或出于本人的主动选择,或出于家人的安排,或基于对法律专业的兴趣,或仅仅由于对就业的考虑,但选择总是在法学和其他人文学科之间的取舍结果。不然,即使为稻粱谋,也可以选择就业前景不太逊色的中文专业。筛选的结果是文学经典阅读对中国的法律人天然缺乏吸引力。另一方面,着眼于学术产出的话,还意味着法律与文学研究者要进入多数法律人不熟悉的文学和文艺评论领域,特别是现代学术的壁垒高筑,文学和文艺评论中的存在、意向性、镜像、癔症话语、肌质、透视主义、生态批评等"黑话",实不下于刑法谦抑性、物权无因性、比例原则、审判中心主义等法言法语,更增加了单一学科背景的法律人的研究成本。

还需注意到,在高等教育毛入学率已超一半的时代,除了少数顶级大学外,无论对于学生、家长还是社会而言,大学只是提供职业教育和就业基本文凭的场所,与精英教育无关。而法律与文学在多数人的心目中,显然是远离具体职业技能训练,无助于就业的一场风花雪月的事,理应作为大学的"水课",为了提供学分、活跃气氛、装点学术门面而存在。相应地,今天的大学师生,即使出身名门,对文学经典一无所知,亦不影响其社会评价,因为经典阅读不再构成文化资本,也就是说,今日的社会对高级知识分子的定位是专业人士,而不再是传统的士大夫或学富五车的智者。

更加火上浇油的是,近年来,高校绩效改革如火如荼,对一切都要实行数字管理,课题和发表的指挥棒实现了对高校科研前所未有的周密指挥。观当今发展大势,大数据和人工智能、人机交互、基因编辑引领科技革命浪潮;国际形势方面,全球化受挫、单边主义抬头;中国的两个一百年目标的实现到了关键阶段。受此影响,课题经费和核心期刊更加青睐社会科学研究的时效性、实用性。务实的法律人自然要扬鞭策马,更加重视科研成果转移转化和服务社会的导向。在这场轰轰烈烈的跑马圈地中,格调清高玄远的法律与文学免不了被进一步边缘化。由于评选奖学金、推免研究生也深受课题研究和论文发表的影响,法学院的学生同样会选择无论对升学还是就业都收益更大的传统法学或法学+社会科学的研究路数。

至此,可以说法律与文学已基本被"锁死"。

二

死亡有时无关价值,死亡就是死亡而已。被"锁死"的法律与文学,还值不值得我们为它唱一首送行的挽歌?

着眼法学教育,先厘清法律与文学跟传统法学、社科法学的关系是一个思路。首先,把法学院定位为职业培训场所是极大的社会资源浪费。以通过法律资格考试的硬指标论,在表现极优秀的法学院中,本科四年级的在校生的通过率可达六到七成。但如果允许提前参加,高考后被录取的学生立即投入一年至一年半的应试培训,两年内的总通过率应差别不大。而法律是一门实践性极强的学科,从职业实践技能的培训看,大学教育比起边干边学的学徒制没有优势,学生及早就业,积累实践经验,效果肯定更好。

钱学森先生曾力主中国教育要缩短学制。❶

---

❶ 参见钱学敏:《钱学森大成智慧教育的设想》,载《光明日报》2008年10月16日第10版。

在无法改变学制的情况下,四年或七年的法学教育应设立职业培训外的目标。近年来,社科法学兴起,常与教义法学并称。作为社会科学学科之一的法学,与其他社会科学的结合自然超过法律与文学。但事实上,法学与社会科学是有区别的。法律职业培训的一个重要方面是向社会输送优质的法律服务人才,如律师和公司法务,因此法学教育的目标之一是更好地为客户服务,这是不同于以求真为目标的(社会)科学的。当然,社会科学本身有能力去澄清这个误导,无需法律与文学的援手。不幸的是,"比起'不实用'的文史哲,政经法等学科的市场资源多,更愿意'跑点'竞贿,收编为'基地''工程'"❶。如此看来,法律与文学被"锁死",倒成全了它继续存在的一点价值。

从学术分工看,任正非曾对国内顶尖大学的校长讲,大学不要管当前的工程科学、应用科学方面的"卡脖子"问题,"你们去搞你们的科学研究,我们搞我们的工程问题"❷。大学里的社会科学(包括法学)研究是否也要考虑同样的问题?在诸多调研、座谈中,机关和企事业单位都非常客气地表示"欢迎专家学者来传经送宝",然而校园里的专家每每接触到第一手的问题,顿觉新鲜无比,名为送宝,实为如获至宝。这不是批评专家学者,因为社会分工必然导致上述的信息问题,但是大学的社会科学研究者理应认真思考任正非指出的分工问题——大学不要管"卡脖子",大学的责任是"捅破天"。❸

---

❶ 冯象:《为什么"法律与人文"》,载《木腿正义》(增订版),北京大学出版社 2007 年版,第 164 页。
❷ 《任正非对话 C9 高校校长:大学不要管当前的"卡脖子",大学的责任是"捅破天"》,载微信公众号"蓝血研究"2020 年 11 月 11 日推文。
❸ 同上注。

从人才输送方面看,大学的社会科学训练重要,但并非如此重要,尤其对于领导岗位而言。否则我们很难解释为什么那么多理工和人文学科出身的人才可以胜任许多属于社会科学专业的岗位。一方面,在具体知识的掌握上,社会科学不同于自然科学。自然科学如果完全不具备基础知识,在工作中边干边学会非常困难。社会科学的知识鸿沟没有如此难以跨越。另一方面,管理和领导才能同法律职业技能一样,是一种实践理性,所需的社会阅历远比学科背景更重要。例如,成为一名好法官比成为一名好院长事实上更需要法律职业培训。

摆脱了传统法学和社科法学的"'经世致用'的迷思"❶之后,对法律与文学的不实用的责难可以暂缓,进而应给予理解。好的文学/文艺,除讴歌外,大多是"不平则鸣"。这个"不平"越无法解决,作品的文学价值就越大。而人类社会最一般化、最永恒的不平来自哪里?答案是来自作为个体的人,不得不组成社会,社会在对稀缺的资源的分配中,几乎不可能不发生对物质和精神两方面自由的剥夺。好的作者,调动个人的全部体验,发挥想象力,用"贾雨村语"再造一个次生的文学世界,使真实世界中最一般、最永恒的不平被最集中、最生动地表现出来。它的意义自然不是为法学研究提供实证材料,否则文学就等同非虚构(non-fiction)写作。❷ 要求法律与文学直接为社会治理提供参考,是"烧香找错了庙门"。

---

❶ 参见冯象:《法学三十年:重新出发》,载《读书》2008年第9期。

❷ fiction源自拉丁语fingere,并非指不真实,而是"塑造、制作、构型",参见〔英〕罗伯特·伊戈尔斯通:《文学为什么重要》,修佳明译,北京大学出版社2020年版,第5页。又参见苏力:《这是一篇史学论文?》,载苏力:《法律与文学——以中国传统戏剧为材料》,生活·读书·新知三联书店2006年版,第303—322页。

换个角度看,法律与文学不能"经世致用"的短,反可成为它挑起传统法学和社科法学旁落的担子的长。法律与文学研究受文学传统的影响,更注意倾听"被侮辱和被损害的"人物在如火如荼的法治改革中的叹息。窦娥、秋菊、李雪莲、安提戈涅、汉娜、约瑟夫·K,还有中央芭蕾舞团……一长串的名单,显示出法律与文学的一般关注对象不同于正统法学研究。这当然首先取决于研究者的学术关怀,但这类关怀如此多地汇拢在法律与文学研究中,还与文学的传统有关。又,受到文学意在叙述普遍性的影响,法律与文学常具有一种区别于其他法学流派的文学/历史的时间性,由此消解了现代法治叙事中的线性时间观。如苏力教授对古代的复仇制度的解释❶,使其从古代中国无法治的线性时间观下解放出来。"秋菊"们作为法盲,在法治的线性时间观下只是作为过去、阵痛、必要的代价存在着,而在法律与文学中,她们的问题再不能被如此轻松地打发。❷ 一位致力于通识教育的社会科学专业的教授对我言,社科背景的学生的确比人文背景的学生更擅长搞调查、要数据,但他们常常没有察觉研究中已经预设的价值立场。当然,这不是说人文学者更不轻信,或这些问题只有留待人文来解决,只在指出法律与文学可以是传统法学和社科法学的有益补充。

法律与文学的另一个问题是,它无法如法律+社会科学那样具有鲜明的方法,更多只是提供了一个场域,因此法律与文学更

---

❶ 参见苏力:《复仇与法律》,载苏力:《法律与文学——以中国传统戏剧为材料》,生活·读书·新知三联书店2006年版,第43—83页。

❷ 关于秋菊的研究不在这里枚举,全面的梳理参见陈颀:《秋菊的困惑与解惑——"法律与文学"研究在中国》,载《开放时代》2019年第1期。

像大杂烩,很难成为一个理论流派。❶ 仍以关于秋菊的研究为例,其中就有美国的法律与文学的死对头——法律经济学研究。❷ 不仅"秋菊学",放眼整个法律与文学,我们甚至都找不到严格意义上的人文性质的法律与文学。深受波斯纳法官影响的苏力教授不用说,兼具文学背景的冯象教授的法律与文学研究同样显示出浓厚的社会科学色彩。❸

但可疑的并不是法律与文学竟然变成社科法学,而是有没有可能存在纯粹的不含社会科学的法律与文学研究?因为一旦关注文学作品中的法律和社会治理问题,而且这种关注与对现实世界的同类问题的关心是相互牵引的,研究就很难不包含社会科学的方法和性质,更不用提法律与文学研究中的法律如何规制文学的分支。事实上,直至18世纪中期,"人们开始根据不同的类型把书写进行分类,'文学'才获得了我们如今把它感知为小说、诗歌和戏剧的模糊含义"。而在17世纪晚期,牛顿的著作还被称作文学。❹《史记》该被视为虚构还是非虚构写作?社科作品还是文学作品?史学又该是社科还是人文学科呢?这里不赘述社会科学概念的现代起源,仅在指出,法律与文学被区别

---

❶ 参见苏力:《在中国思考法律与文学》,载苏力:《法律与文学——以中国传统戏剧为材料》,生活·读书·新知三联书店2006年版,第19页。

❷ 参见桑本谦:《"秋菊的困惑":一个巧妙的修辞》,载《博览群书》2005年第12期。

❸ 如冯象老师对秋菊的困惑的分析,和借武松杀嫂的司法判决与古希腊神话比较古今法治的制度功效。参见冯象:《秋菊的困惑和织女星文明》,载冯象:《木腿正义》(增订版),北京大学出版社2007年版,第52—59页;冯象:《疯癫是宙斯的长女》,载冯象:《宽宽信箱与出埃及记》,生活·读书·新知三联书店2007年版,第67—73页。

❹ 〔英〕罗伯特·伊戈尔斯通:《文学为什么重要》,修佳明译,北京大学出版社2020年版,第7页。

于社科法学,并非两者自身属性所导致,极可能是为实现某一目的的学科设计(文学为感性,法学即为理性,从而掩饰上文提到的其与科学的区别)。不纠结于社科和人文的分野,熟悉法律与文学研究的读者一定发现,恰恰由于其社会科学体质,法律与文学把法律人特有的视角带进文学研究,提出了人文学者不易留心的问题,因而具有了自身的价值。❶

三

死亡无关价值,存在也未必合理。在《三体》中,锁死地球基础科学发展的不是智子,而是发射智子的三体文明,那法律与文学研究被"锁死"的背后会不会还有原因?

让我们逐一回顾前面指出的"锁死"的因素。经典阅读的衰落不是全部。即使法律与文学蹭上热播影视、流量明星、热搜排行榜,甚至讨论"博君一肖",但只要一导向深入的思考,许多大学师生便马上丧失兴趣。诚然,经典阅读和深入思考都累人,但一旦为稻粱谋,相当多的法学院师生就能够高度自律、孜孜不倦地投入教材、课题申报书和经验总结、核心期刊论文的研读,浸泡在法律资格考试的海洋里。昔云:嚼得菜根者,百事可成。何况嚼得"千万张嘴咀嚼过的木屑"(卡夫卡语)?诚然,经典阅读和深入思考要求一定的智力。但这些人当中,多的是考试中走独木桥、过五关斩六将的聪颖之士。经典阅读和深入思考却完全不能带给他们哪怕一点愉悦,甚至从未有资格成为机会成本,即使无需为稻粱谋,他们亦不会浪费一秒钟在上面。

---

❶ 如众多法律人对《秋菊打官司》《窦娥冤》《威尼斯商人》《祝福》《三体》等作品的解读。

学科的隔阂也不是"锁死"的全部,因为它存在于任何"法律+"研究之中。对大多数文科出身的法律人来说,了解社会统计、人工智能、算法和基因编辑,一定不比阅读文学和文学评论来得容易。

在大学和大学师生的定位转变上,高校师生甚至非常主动、积极地拥抱了专业知识人士的新定位。对于一名专业人士,服务社会的要求便相应地变成提供客观中立的专业知识,轻轻卸下了担当社会良心的重担。而专业,在当前高校改革的大环境下,意味着更多的研究课题和发表。

因此应该说,法律与文学被"锁死"的命运是由主客观两方面造成的。主观方面,这些个体在作出选择时的主动、积极、毫不犹豫,使得"锁死"如此轻易地、理所当然地成功,是一个立场和态度的问题。"随着立场,就发生我们对于各种具体事物所采取的具体态度。"❶那么,法学院师生对待法律与文学的立场和态度是如何形成的呢?在物质已非高度匮乏的年代,一种必须时刻为稻粱谋的焦虑或者说一种渴求成功的欲望是如何被人为制造出来的?

联系到大学教师的经济地位和法学院多数学生的家庭经济背景,这一焦虑或欲望可称为一个有产阶级之梦。这个梦从一开始就影响着法学院师(昨日的学生)生(明天的教师)对法学专业的选择和他们的学习趣味、学习安排,以及他们的社会定位,并且在法律意识形态的催眠下安稳地做下去。形式平等、程序正义、普适价值、为权利而斗争、现代化、理性、专业……还与自我致富毫不违和,多美好啊!于是感同身受死刑的残酷,却很

---

❶ 毛泽东:《在延安文艺座谈会上的讲话》,载《毛泽东选集》第三卷,人民出版社1991年版,第848页。

少想到被害者亲属和众多"法盲"的感受;总为冤假错案痛心,高喊"宁可错放一千,不可错杀一个",却不去了解办案的真实过程和理解一般群众的想法;对律师被国家机器迫害义愤填膺,却从不思考"好律师能不能也是好人"的问题;一口咬定古代中国无法治,却对所谓法治社会的腐败视而不见;坚信着法律面前人人平等,却对真实世界的不公心安理得……如此,才会出现为旁征博引的律师辩护词心魂俱醉,面对"强有力的抒情散文"、"抒情散文"的"范文"(王蒙语)——《共产党宣言》却无动于衷,视娱乐为理性,弃学术天职如敝屣的现象。这不是萝卜青菜各有所爱,这是智识的问题,而归根结底是立场和态度的问题。

因此,排斥经典、消解严肃、迎接娱乐,作为"锁死"的重要保障,也许不是偶然性事件。因为经典中所揭示的,恰恰是营造有产阶级梦想的那一整套意识形态说教所要掩饰的。这是一切时代里求自由、求平等的进步文学与现代法学中的保守思想的矛盾斗争。伟大作品中塑造的人格,从夸父、普罗米修斯、《史记》中的刺客、梁祝到保尔·柯察金,无不是对有产阶级梦想和经济人或法律公民的理性人设的颠覆。自西方率先进入现代以来,批判成为文学的最大潮流。《名利场》《艰难时世》《人间喜剧》《情感教育》《安娜·卡列尼娜》等经典批判的种种现象离现实很近,只是离有产阶级的梦想很远。法律与文学一旦沾染上进步文学的浪漫主义或现实主义病毒,就难免与法律意识形态的说教相冲突,譬如为历史上中国的人治辩护,戳穿西方法治的神话,诉说秋菊的困惑,指出"法律是政治的晚礼服"❶……这难道不是扰了有产阶级的清梦?有产阶级的欲望、经济人和法律

---

❶ 冯象:《正义的蒙眼布》,载《政法笔记》,北京大学出版社2012年版,第131页。

公民的理性不欢迎这样的事情发生,于是才有了"锁死"。

"锁死"发生得如此自然而且必然,仿佛学术进化中的物竞天择。可自由主义和文化多元正是在这里露出其虚伪,即它只停留在意识形态宣传上,而现实中,"四面有看不见的高墙",把一切批判性思考排斥在外。它依附消费主义,利用后现代主义和识字率提高后带来的文化平等趋势,把文化控制的药丸包装在花花绿绿的文化自由、多元的糖果纸里。不对这种虚伪的文化立场和态度加以批判,退却是无底线的:在无法阅读文学经典后,也会无法欣赏包括影视、音乐在内的一切进步文艺,因为一切好的文艺都要求欣赏者具备一定的思考能力。教育产业化和学校企业化,就是服务于有产者之梦,保证无论法律与文学还是社科法学中的一切严肃思考都被拒斥。虽然苏力教授曾鞭辟入里地批判所谓的"法律人思维"[1],戴昕、张永健教授曾扎实、尖锐地论证比例原则是花架子[2],可是作为一名法律人,我为什么要理会、接受这样的批判呢?为什么不选择对其视而不见听而不闻呢?"我"有做梦的权利。

四

态度和立场的转变,关键在于"感情起了变化"[3]。这里的感情,指的是社会情感,不是私人感情。感情不起变化,专业训

---

[1] 参见苏力:《法律人思维?》,载《北大法律评论》第14卷第2辑,北京大学出版社2013年版。

[2] 参见戴昕、张永健:《比例原则还是成本收益分析——法学方法的批判性重构》,载《中外法学》2018年第6期。

[3] 毛泽东:《在延安文艺座谈会上的讲话》,载《毛泽东选集》第三卷,人民出版社1991年版,第851页。

练越好,越可能造成腐败,因为贪官都是精明的。❶

社会情感的形成或改变,是由人的社会地位及该地位上的社会生活决定的,不论社科训练或文学教化都不大管用。但也需看到,社科训练和文学教化(包括更广义的大众文艺和媒体宣传)本身就是社会生活的一部分。如前所述,法学作为理性的社会科学对感性的文学的排斥、文艺成为娱乐(其实是经"严肃"审查过的娱乐)的天经地义,就都服务于某种社会情感的养成。未来随着大数据和人工智能技术的发展,精准信息时代的到来,国家治理能力进一步增强,文学教化是否不再承担社会治理的功能呢?难说。特朗普推特治国,落选后推特和脸书封禁他本人网络社交账号和支持他的重要账号,蚂蚁金服上市被紧急叫停,国家市场监管总局紧急约谈27家平台企业,国内外一连串的事件都让人们无法不担忧平台成为寡头,腐败成为权利的危险。掌握着海量数据和最新信息技术,集金融、贸易、新闻、娱乐业务于一身的互联网平台,完全有能力通过信息的精准审查和推送,来达到谋求更多权利/权力的目的。在现代民主体制下,选举、立法目标的实现依然要诉诸己身所需的社会情感的培养。社会情感的培养,到底离不开文学教化。法律意识形态中的形式平等、自由契约那一套说辞,和消费主义下的虚假的文化自由和文化多元一起,在算法的精准推荐下,结成一个个洁白无瑕、密闭无缝的茧房,对于资本和信息寡头而言不但十分必要,且用起来非常趁手。

"当法治的故事与虚幻的正义消除界限,当权利和腐败彼此

---

❶ 参见苏力:《清官与司法的人治模式》,载苏力:《法律与文学:以中国传统戏剧为材料》,生活·读书·新知三联书店2006年版,第198页。

不分,理论的进步就一定首先是人文精神与思想立场的进步了;反之亦然。"❶在现阶段,寡头特权的合法性、独立精神和自由人格堕落的合理性,都靠一个神话——私有制和市场万能的神话来产生。由法律意识形态苦心经营着的、资本和信息寡头们最希望永远不醒的有产者之梦的全部根源也在此。法律与文学作为理论运动,应从包括影视、美术和音乐等在内的一切进步文艺那里获取力量,抵制这个神话,实现"人文精神与思想立场的进步",唤醒更多的人"感情上起变化"。所以无论从理论抱负还是实际出发,法律与文学应改名为"法律与文艺"。❷

具体而言,法律与文艺运动应如何开展呢?第一,在作为文学的法律的领域,经典作品仍然是法律与文艺的重要研究对象。作为意识形态工具的传统法学话语最经不起真实的历史的拷问。作为另一种意义上的历史真实的文艺和成为文艺的优秀的历史作品,是一剂解毒良药。如毛泽东要求干部读《红楼梦》,是"把《红楼梦》当历史来读"❸。太阳底下无新事,借由昨日的经典来澄清被掩饰的历史,再结合今天的不合理现象重新认识,依然有其独特的意义。❹ 而且,对私有制和市场万能的神话

---

❶ 冯象:《为什么"法律与人文"》,载冯象:《木腿正义》(增订版),北京大学出版社2007年版,第164页。

❷ 以下研究就是以美术、音乐作品为分析对象。参见赵晓力:《代表制研究》,当代世界出版社2019年版,其中有对利维坦图像的分析;戴昕:《正义的形象——对西方美术作品中正义女神形象的考察及其对法治话语的启示》,载《北大法律评论》第7卷第2辑,北京大学出版社2006年版;左亦鲁:《原旨主义与本真运动——宪法与古典音乐的解释》,载《读书》2017年第8期。

❸ 中共中央文献研究室:《谈〈红楼梦〉(1959—1973)》,载《毛泽东文艺论集》,中央文献出版社2002年版,第208页。

❹ 参见刘星:《经典文学对法律人的意义》,载《检察日报》2020年2月19日第3版。

的抵制,势必要求法律与文艺严肃对待社会主义中国前三十年的革命文艺,重新理解共同体和公有制的意义,那正是传统法学避之不及的。

第二,在有关文学的法律的领域,文艺创作活动的自身历史就是对知识私有产权的最有力批判。法律与文艺只需秉笔直书这一历史及其规律,自然就否定了私有文化产权带来创新的说教。此外,互联网和平台时代的言论自由将成为有关文学的法律的最大的理论增长点。❶

第三,在作为文学的法律的领域,法律与文艺应走出文本的后现代游戏,直接对准文化再生产即前文提及的文学教化,揭示文化娱乐产业如何化身为看不见的法律,再造着有产者的梦和情感,批判虚假的文化自由和文化多元,而且揪出产业背后那只严格审查的"看不见的手"。

第四,在通向文学的法律的领域,法律与文艺应率先突破传统的学术论文的写作风格。这是由它的斗争目标和服务对象以及大环境决定的。法律与文艺应当为越来越多的受过高等教育,走上各种工作岗位后的"秋菊"们提供思考的火药,替她们正名,从外部压缩法治意识形态神话的空间,使其失去听众而最终编不下去。现代社会里,从事学术研究只是职业选择而非学术能力筛选的结果。自媒体的发达,使得那一部分科研机构之外的但科研兴趣和能力毫不逊色的人有动力在工作之余创作优质的文字和影音作品。这些作品为了"10万+""100万+",比起不在乎读者人数的学术论文远为重视表达的文学性。在中美贸易战和新冠肺炎疫情期间,若干借人们熟悉的影视片段再创作

---

❶ 参见左亦鲁:《超越"街角发言者":表达权的边缘与中心》,社会科学文献出版社2020年版。

的短视频❶,看似与法律无关,却不经意间使传统经济学和法学宣传的契约自由、平等的西方神话香消玉殒,就是很好的例子。

如此,法律与文艺就不能是佶屈聱牙的高头讲章,而应是更生动活泼的文字及其他方式的表达。这场理论运动始于大学,但最终要走出大学,才可能摆脱被"锁死"的结局。

如果摆脱不了,也没什么关系,因为"学术前沿和进步,首先是少数人的事业"❷。

2021年3月定稿于广州

---

❶ 一个流行的手段是给经典影视重新配音来评论时事,如借电影《让子弹飞》谈中美贸易战、连续剧《三国演义》谈TikTok在美被禁事件。

❷ 冯象:《法学三十年,重新出发》,载《信与忘:约伯福音及其他》,生活·读书·新知三联书店2012年版,第199页。

LAW BOOK REVIEW

异域书品

分歧与统合

——对沃尔德伦立法法理学的反思

刘禹旬[*]

> 我们熟悉的法律,在比这更多分歧和争吵的环境里,展现魅力,提出要求,并要求得到理解和解释。
>
> ——杰里米·沃尔德伦[❶]

一、引子

本文所讨论的是美国法理学与政治哲学家杰里米·沃尔德伦(Jeremy Waldron)[❷]关于立法的理论。在英美法理学术界,虽然大家都认可立法、司法均是有关法律的基本活动,但法理学传统的核心和重点却大多集中在司法。不仅立法研究被轻视,立

---

[*] 南京大学法学院理论法学硕士研究生。

[❶] 〔美〕杰里米·沃尔德伦:《法律与分歧》,王柱国译,法律出版社2009年版,第10页。

[❷] 沃尔德伦1953年出生于新西兰,他的学术生涯始于20世纪80年代的牛津,之后先后任教于哥伦比亚大学、普林斯顿大学、加利福尼亚大学伯克利分校。1998年当选美国艺术与科学学院院士,2011年当选英国国家学术院院士。他是德沃金的学生,其代表作包括本文所主要讨论的《法律与分歧》(Law and Disagreement, 1999)、《立法的尊严》(The Dignity of Legislation, 1999)等。

法活动更被认为仅是政治家的事,甚至不该成为法学家关注的对象。所幸的是,近年来,一些学者呼吁开展对立法的法学研究,主张将立法纳入法理学的研究范围,进而希望建立一门"立法法理学"(Legisprudence)。❶ 沃尔德伦就是这些学者中最积极、最活跃,也是最有建树的一位。

[美]杰里米·沃尔德伦:《立法的尊严》,
徐向东译,华东师范大学出版社2019年版

---

❶ 在德国,萨维尼曾提出建立立法科学(Legislative Science),美国法学家朱利叶斯·柯恩(Julius Cohen)将法理学拆成立法法理学(Legisprudence)和司法法理学(Judicativeprudence),以示对立法法理学研究的重视。之后,沃尔德伦和卢卡·温特根斯(Luc J.Wintgens)将这个概念发扬光大,后者还创立了《立法法理学》期刊。参见宋方青、姜孝贤:《立法法理学探析》,载《法律科学(西北政法大学学报)》2013年第6期。

需要提前说明的是,何谓这些学者心目中的立法法理学呢?他们认为,立法法理学是法理学下的一个子学科,不同于倾向于描述立法主体和权力运作方式的立法学❶,其所着眼的视角是规范分析,是从应然角度出发探究何谓"良法"以及何谓合理的立法模式。还需注意的是,虽然分析法学也研究立法,但为了追求理论的普遍性,分析法学家们总是将立法活动尽可能地抽象化与去价值化。❷ 这完全不同于从规范角度研究立法权配置和立法程序构造,并努力结合政治学、社会学等社科方法对立法活动进行研究的立法法理学。举例而言,在一些分析法学家的眼中,立法机关由一人还是多人组成并不值得关注,但在立法法理学家看来,现实中一个由海湾地区军政府首脑所制定的法律与美国国会制定的法律在性质上恐怕并不相同。

在这种立法法理学看来,虽然现代国家理论上承认议会民主立法,并将之视为人民行使立法权的标志。但实际上学者和民众都将立法机关视为单一主体,而忽视了其内部的真实相貌。在真实的政治实践中,议会中的立法者不是只有一个或几个人,而是由成百上千人组成的大规模团体。因此,这些立法者不可能只有一个声音。那么,一个人的立法活动与众人集会造法活动之间有没有差别?立法机构的规模、多元、分歧这些特征是不是法理学需要关注的对象?立法者们秉持着各自的价值、立场,在立法机构中辩论,这些对成文法来说意味着什么?作为立

---

❶ 以国内立法学的研究为例,周旺生教授将立法学建构为包括立法原理、立法制度、立法技术的学科,致力于服务立法实践。参见周旺生:《立法学体系的构成》,载《法学研究》1995年第2期。

❷ 相关研究,请参见〔英〕约瑟夫·拉兹:《法律的权威:法律与道德论文集》,朱峰译,法律出版社2005年版,第68页。

法法理学研究的开创者之一,沃尔德伦必须面对这些问题,只有如此,他才能真正为立法活动的重要性辩护与正名。

二、沃尔德伦的问题意识及其研究的理论脉络

正如开篇所言,正因为缺乏研究立法的兴趣,在英美法学理论中,相比关于司法问题长篇累牍的讨论而言,对于立法和立法机关的研究少得令人惊讶。在笔者看来,造成此种状况的原因可能有两点:其一是几乎所有的法学家对立法工作都缺乏现实体会;更重要的可能是第二点原因,即英美法学界理论上对立法的轻视,无论是法律现实主义将立法机构视为充斥着政治分肥、权钱交易的会所❶,还是实证分析法学将之视为法律的开端,从而认为无需给予过多关注,都给关于立法的研究蒙上了一层阴影。然而,立法是现代法治的基石,是国家意志的源头,是国家对权力的分配与权利的确认之场,如果没有一种规范性的学术研究对它进行解读、规制、正名,无疑是法学理论不成熟的表现。❷ 面对英美法学界这种现状,沃尔德伦努力恢复和强调

---

❶ 沃尔德伦不赞成法律现实主义对立法活动的"污点放大镜"式的研究,因为这些研究不仅不能增强法律的确定性和权威性,反而带来更多的消极影响,促使人们怀疑立法作为值得尊敬的法律渊源。而且,即使现实主义法律充分展示出立法活动的荒唐与阴暗,它也无法为建立一种规范立法活动的理论提供理论范式。

❷ 需要注意,沃尔德伦区分了立法(legislation)与法律创制(lawmaking),法律创制是任何具有制定和修改法律效力的活动,而立法指的是一个权威机构,通过公开致力于这项任务,明确地制定和修改法律。法律创制包括法官造法、行政机关制定规章、签订条约、社会习惯生成等活动。See Jeremy Waldron, "Representative Lawmaking", *Boston University Law Review*, Vol. 89:335 (2009).

一些对立法的思考,这种理论将立法活动视为一种具有内在正当性的公共选择过程,并有助于推动对立法权威的解释。在《立法的尊严》中,他将立法视为"共同体的代表聚集在一起,庄严明确地确定与他们所有人的名字相配的共同体制和标准,并在这样做时公开承认和尊重他们之间在意见和原则上不可避免的分歧"❶。而在《法律与分歧》中他更是直言不讳地意图打造"一种真正的民主法理学"❷。本节笔者将尝试归纳沃尔德伦的问题意识以及其创设的立法法理学建基于何种理论脉络,又仰赖了何种思想传统。

〔美〕杰里米·沃尔德伦:《法律与分歧》,
王柱国译,法律出版社 2009 年版

---

❶ 〔美〕杰里米·沃尔德伦:《立法的尊严》,徐向东译,华东师范大学出版社 2019 年版,第 3 页。
❷ 〔美〕杰里米·沃尔德伦:《法律与分歧》,王柱国译,法律出版社 2009 年版,第 12 页。

(一) 问题意识

沃尔德伦对立法和立法机构重要性的说明和捍卫奠基于他所信奉的多元主义政治传统。他的学术贡献要放在"公众如何有效参与立法的问题域"中才能体现出来：

现代立法理论高度肯定民主立法必须反映社会公众意见，但在实际落实中，社会公众意见与决策机构意志往往冲突。❶ 就这个问题的分析，大多数理论的观点是：在政治制度建构的过程中，公民有效参与的立法不仅需要立法者充分听取民意，更需要搭建一个公共舆论平台❷，在此过程中，更基础的问题在于培养公民的政治素养和政治热情❸。但这些分析大多有意无意地回避了立法机构本身的问题，研究者一直将目光锁定在社会层面，而"立法者"在他们眼中似乎是一个拥有统一行动、统一意见的主体。在这种默认中，立法者们被视为一个整体，构成讨论的一端，而杂乱纷繁的社会意见和社会环境则被置于另一端。社会外部环境确实对社会公众意见在立法活动中的反映有巨大影响，但一个更基本的经验事实是：即使是参与立法

---

❶ 这个问题在中国突出，在美国的议会制度下是否也同样存在，相关研究，请参见王亚平：《美国的议会立法与公众参与》，载《人大研究》2005年第11期；袁俊锋、杨云革：《美国公众参与立法机制及其启示》，载《中共四川省委省级机关党校学报》2009年第4期。

❷ 参见蔡定剑：《公众参与及其在中国的发展》，载《团结》2009年第4期；王锡锌：《公众参与：参与式民主的理论想象及制度实践》，载《政治与法律》2008年第6期。

❸ 参见宋方青：《地方立法中公众参与的困境与出路》，载《法学》2009年第12期。

的社会代表——"立法者们"❶——之间的意见也是冲突而充满分歧的。在现代各国,立法者是个庞大的群体❷,而数量多就意味着多元,参与立法的公民可能有着不同的利益诉求、不同的文化背景、不同的语言、不同的宗教信仰。

沃尔德伦理论的一个基本预设就是只要存在着由血肉构成、有这样或那样缺陷的人组成的社会,只要存在为各种物质与非物质利益进行交往的行为,就必然产生分歧和矛盾,这些分歧即使在通情达理(reasonable)的公民身上也无法避免。❸ 这些分歧集中体现在对公共利益、正义、权利等问题的认知上,这也被认为是现代西方社会的特征。以美国为例,面对同性恋、持枪权、宗教信仰自由等问题的争论已经持续数十年,这些分歧在联邦最高法院的判决中被集中展现出来。这些分歧的背后不仅仅是因为个人相互冲突的利益、无知或偏见,而是存在更多深层次的原因。

为促使这些分歧、矛盾不干扰我们的日常生活,法律作为一个制度框架要求我们谨慎,并尊重和遵守某些规范,在分歧的环境中规划我们的行为和交往。在这里,法律的功能不仅是将分歧、矛盾、冲突诉诸法庭,这更意味着法律本身作为规范拥有

---

❶ 此处立法者们作为复数形式,从经验政治学上指作为议员、人民代表参与到立法活动中的人,并非作为整体的立法机关,关于立法者应为单数还是复数的问题将在下文详细阐述,单数和复数的选择将影响理论进路。

❷ 中国全国人民代表大会有近3000名代表。美国国会参议院100人,众议院435人。英国议会上议院650人,下议院704人,合计1354人。

❸ 参见〔美〕杰里米·沃尔德伦:《立法的尊严》,徐向东译,华东师范大学出版社2019年版,第197页。

正当权威,能在分歧、矛盾激化前就通过国家立法过程将社会分歧❶统合为法律规范,以调节人们的行为。

正因如此,我们发现作为权威性社会规范的法律本身也是分歧的产物——民主代议制下的议会,是一个反映社会主要利益群体冲突的"竞技场"。这种立足于现代政治科学描述的异质多元议会图景,颠覆了传统实证法学默认的单一立法者图景。

沃尔德伦的问题意识是希望在一个更符合描述性的标准上重塑立法的图景,并回答:一个包容如此众多异质多元立法意图的法律如何作为渊源以及如何获得权威?多数人的分歧与单一法律文本如何协调?本文旨在讨论沃尔德伦围绕这个总的问题意识展开的关于立法模型、"现实政治环境"、多数决的正当性、法律的权威这四个方面的研究,并提出自己的质疑和反思。

(二)理论脉络

沃尔德伦关于立法的讨论源自哈特(H.L.A.Hart)的启发,规则的本质及其认定方式是哈特《法律的概念》中讨论的核心,哈特将之归于一个社会事实——社会主导性势力的承认。❷成文法被视为"从简单形式的社会进入法律世界"❸的标志,而

---

❶ 社会的基本图景其实是合作,合作的基础是建立在社会规范基础上的法律及其实施(也即法治)。在社会利益高度分化、公民主体性觉醒的现代社会中,合作被视为默认背景,而分歧往往引人注目。在美国语境下凡涉及公共利益的问题都会出现分歧,根据分歧的性质是否"重要且迫切",其解决方式包括:利益冲突妥协后的立法,还是静待分歧弱化(最高法院的"成熟"原则)后的司法判决。

❷ 可以理解为社会规范(民间法·习惯法)被承认后成为法律,但这个界定太简单,未能有效解释国家法与民间法之间的复杂互动。

❸ H. L. A. Hart, *The Concept of Law*, Oxford University Press, 1961, p. 77.

利用自身知识制定法律来组织社会的权力则掌握在立法官员的手上,在极端情况下只有他们才能制定和利用那个制度。❶ 在哈特的论述中若有若无地带有对作为立法本质——"自上而下地改变"的贬低。后世的实证主义研究者继承了这一传统,将制度来源而非内容的道德品质视为确定何为法律的标准,但他们所关注的制度来源并非立法机构而是法院。承认规则是"司法官员"作出的承认,而这些司法官员的核心含义并不包括议会中的立法者。❷

继哈特之后约瑟夫·拉兹(Joseph Raz)发展了关于法律渊源的理论,在他的语境中一个规范之所以被称为法律,并非因为存在一个立法机构,而是因为存在着一套应用着规范的组织系统(如司法系统),它们所共同承认的标准被认为是有效的。原则上,法院甚至没有必要去服从立法机关,因为法院依据的有效标准可以来源于历史上更早法院的决议。于是拉兹把"焦点集中于一种重要的规范适用机关——不是通过制定其他规范来适用规范而是通过实际执行规范来适用规范的机关"❸。在拉兹那里立法机关成了法理学中的一个"偶然"。

可以明显地看到,那些对立法采取怀疑和轻视观念的学者们存在着对"刻意理性化"(deliberate intellectualization)在国家管理中扮演重要角色的不安,这跟保守主义政治思想有关。其中迈克尔·欧克肖特(Michael Oakeshott)对这种理性主义立法

---

❶ See H. L. A. Hart, *The Concept of Law*, Oxford University Press, 1961, p. 117.

❷ 研究者关心的通常是在非常规案件(或疑难案件)中,作为司法性立法者的法官。

❸ 〔英〕约瑟夫·拉兹:《法律的权威:法律与道德论文集》,朱峰译,法律出版社 2005 年版,第 93 页。

观有独到的表述:"有意识的计划和刻意执行的东西,被认为好过在历史长河中无意识地成长并自己确立起来的东西。"❶在哈耶克那里,理性主义往往带来意识形态的暴政。在他的理想中,尽管好的政府由法律统治,而这些法律已经隐藏在一个自由社会的实践中,它们在变化和发展上是渐进的。法律不是某个雄心勃勃的立法者理性计划的产物。❷ 在自由主义内部,对于立法的怀疑也一刻未停。不少思想家认为,立法机构的理性能力与参与人数成反比,如孔多塞所言:"集合体人数越多,就面临越多的作出错误决定的风险。"❸而且,人数众多的议会更加容易受诡诈者操控和蛊惑,麦迪逊就指出集体思考很可能侵蚀人数众多的集合体,无论组成这个集合体的个人素质如何,总易于产生各种混乱。❹ 这些来自政治哲学的思考将人们对立法的思考固化。沃尔德伦需要同时回应来自分析实证法学和自由主义(或保守主义)政治哲学的质疑。

三、沃尔德伦的立法法理学:建构与其局限

沃尔德伦要完成被前辈学者们一直冷落和忽视的立法理论,特别是立法结构问题——对于被视为法律渊源的前法律结

---

❶ 〔英〕迈克尔·欧克肖特:《政治中的理性主义》,张汝伦译,上海译文出版社 2004 年版,第 21 页。

❷ 参见〔英〕弗里德利希·冯·哈耶克:《法律、立法与自由》,邓正来等译,中国大百科全书出版社 2000 年版。

❸ 转引自〔美〕杰里米·沃尔德伦:《法律与分歧》,王柱国译,法律出版社 2009 年版,第 173 页。

❹ 参见〔美〕亚历山大·汉密尔顿等:《联邦论:美国宪法述评》,尹宣译,译林出版社 2016 年版,第十篇。

构,结构上的差别带来本质上的差别。在他看来忽略这些结构(规模、分歧、多数、权威)的"单一立法者模型"尝试以自己的制度中立简化成文法渊源的多元性,但是其结果却是失败的。

(一) 单一立法者模型的失败

在传统的讨论中,当法哲学家专注于立法权威或者对某一部法律的解释时,就会倾向于把立法者的多元性和分散性问题搁置一旁。法案一旦通过,即被认为是代表一种统一的理念。由于立法在政治活动中的主导性地位,这种统一的理念便被视为权威。如果我们对其内容还不确定,还可以寻找"立法者意图"❶。

对此,沃尔德伦提出了自己的见解,他将立法分为分歧阶段和票决阶段,在分歧阶段非常缺乏重叠共识,而票决阶段后只有一个权威的文本,在票决阶段后寻找立法者的意图并无意义。在分歧阶段中,议会中议员代表了社会对公共利益、权利、道德、正义的所有主要分歧,现实是除了聚在一起商讨的程序外,"对任何事物都不共有同一观念的一大群人"以其名义制定并通过法律。由此,他认为制定法实质上是巨大而充满争议的议会产品。❷ 多元性、分歧和集体结构是他的出发点,我们看到他建构的模型具有很强的经验色彩,这与分析实证主义法学所需要的基于规范塑造的模型有很大不同,在分析实证主义法学者看来,经验模型往往不能促进我们对法律的理解,而且正如部分现

---

❶ 参见〔美〕杰里米·沃尔德伦:《法律与分歧》,王柱国译,法律出版社2009年版,第13页。
❷ 必须注意这个判断可能只能概括美国的制定法,对大陆法系的法典(包括中国民法典)完全不适用。

实主义法学家描述的那样,政治现实常常展现出一个相当无吸引力的平庸立法形象——政治交易、相互捧场、利益迎合、政治分肥等,甚至将立法视作"谁来控制议会"的偶然事实。

如前所述,沃尔德伦所根植的理论脉络——分析实证主义法学,则倾向于将立法视为对既有社会规则的承认和改变活动。现代分析实证主义法学根本的洞见是:一个规范之所以是法,不是根据它的内容,而是根据其来源。法律的效力与制度起源、社会事实有关,与其内容无关,这体现在自哈特以降的实证主义两个基础性命题——"惯习命题""社会事实命题"上。❶ 但尽管分析实证主义赋予制定法很高的地位,其兴趣依然不在立法机构的结构与运作上❷,对立法机构中包含的规模、多样性、分歧、决定程序,往往只一笔带过。总的来说,分析实证主义默认了立法机关无论被当成一个人还是结构都无关紧要,法学家更愿意将立法机关简化为单一主体的模式以便于讨论。

沃尔德伦不满足于实证主义对立法结构的忽视,这个忽视自法律实证主义的诞生之初就被埋下了,"主权者"在文中总被写作 he,而不是 they❸,他们将议会视为一个"黑匣子",在逻辑

---

❶ 参见〔美〕朱尔斯·科尔曼、〔美〕斯科特·夏皮罗主编:《牛津法理学与法哲学手册》(上册),杜宴林等译,上海三联书店2017年版,第141页。其实包含三个命题:社会事实命题、惯习命题和分离命题,这里只涉及其中两个。

❷ 现代实证主义确实习惯把立法视为法律的开端,但实证主义者更倾向于根据制度来源而非内容品质来界定法律,而这一制度的核心是司法裁判,关注"承认规则"的法学家们,更多地聚焦于法院适用某社会规则、道德原则或引用另一法院的判决,而非一个法院对一个立法机构颁布法令的承认。于是刻意的、明确的立法——更多表现为议会活动,就从实证主义图景中边缘化了。

❸ See John Austin, *Lectures On Jurisprudence*, fifth edition, Vol. I., London Press 1911, lecture V.

上"立法者"以渊源身份表述法律渊源的单一性特点。沃尔德伦认为我们不应被"立法"一词掩盖而忽视一个明智的立法者（如君主）制定法律和一个大型议会代表造法活动之间的差异❶，这是两个在本质和结构上都不相同的行为，单一立法者模型实体在形式上简化了实证法渊源的多元性，所以是一个失败的模型。

由于人数众多和缺乏共识，在大型议会中民主商谈的重要性被议事规则的重要性取代，合理的立法模型更像是一套活动进程而不是一群人展开和平友好的对话，立法程序更像机器输出而非创造共识，在他眼里"现代立法机关的任务是使大量人聚集在一起"，他们之间是绝对的陌生人，而且他们不是作为个人而是作为代表参与立法协商。❷ 这样做的目的也是很明显的，他试图通过将立法整体形式化、流程化，而使其获得非人格、机械的特征，这将为其后续论证立法产生的文本独立于任何立法者意图作铺垫。

对于这个批评，实则有待斟酌。立法机关的任务并不仅仅是让议员聚集、在预设的程序下讨论进而生成答案这么简单，而是在重要而相对迫切的问题上为国家整体以及各子系统运转提供权威性方案。这时一种创造政治秩序的责任被加到议员们头

---

❶ 当然这背后的分歧也可以理解为那些默认一个立法者形象的法学家依然把君主制（无论哲学王、单一主权者还是开明君主）的政治哲学奉为圭臬。至少在奥斯丁的时代以前应该是这样，但现代的法学家已经不会再持有这种政治哲学立场，故他们坚持的立法形象类似于一个人的意志起源于自身信念：一个立法机关的结构不必被关注，因为其是前法律的，是前法律权威的，他们的制度性关注集中于法院。

❷ 参见〔美〕杰里米·沃尔德伦：《法律与分歧》，王柱国译，法律出版社2009年版，第90页。

上,面对无法逃避的政治问题,如果国家不能及时出台一部统一的立法,公民就将陷于纷争、执法司法人员可能各行其是,现存的危机无法得到解决。这种责任和义务要求议员们无论心中存在何种价值关怀、维护何种群体的利益、彼此之间有多大的争议,议会都必须做出一个统一方案,也就是一种"合众为一"的思想,这个"一"的存在也依靠如议事规则、议长、坐在议会中的领袖这类秩序统合性存在❶来保证。这种立法者的责任不随着沃尔德伦关注的议会人数、结构和多元性的改变而改变。它的存在将使立法模型不仅是高度形式规范下的异质多元模型,而且是实质价值统合下的多元模型。在实质统合下,沃尔德伦的立法程序"机械输出"所蕴含的法治下的观念竞争依然被保留,而那些关于议员背景、经历、信仰观点对立以及断定他们达不成共识的论述将被扬弃。在动荡的现实中,人们将统合性的希望寄托于议会和他们的领袖身上。

(二)现实取向的政治环境

沃尔德伦笔下的立法者在与推销某种正义观的哲学家打交道时,这样说:"在我们开始立法活动之前,我们不是等待关于社会正义的分歧在立法机关之外获得解决。相反,我们的工作是内化那些分歧,把它们纳入我们议会的制度结构,像政府议员坐席(government benches)与反对党议员坐席(opposition benches)、多数党与少数党、辩论、议事规则、督导(whips)、点名等制

---

❶ 此处"秩序统合性存在"的概念是综合的,包含:①议长或议事规范的执行者,议会秩序的维持者,这在所有现实的议会中几乎都存在;②议会中的强势者,比如"党老大"、在议会中德高望重有实质影响力者,或者一些实例中直接是统治者坐在议会中;③上述两者的综合体。

度安排,实实在在使它们成为我们立法过程中的一部分。现代立法机关不是一个寻找哲人建议的人。现代立法机关是社会中各种重要竞争观点的代言者的集合体(议会),并且在他们的竞争和争议当中,立法机关引导其协商并作出决定。"❶

议会的争议处理不是通过决定哪个竞争立场最正确,而是通过决定哪种立场目前获得多数成员的支持而实现的。沃尔德伦注意到立法者作为社会上主要利益团体的代表,并以重视差别的方式加入争论,但让人困惑的是他倾向于认为议员们"共有的东西非常少,不存在一个对共同问题的重叠共识,并且争论那些问题所用语言也是相当僵硬和刻板"❷。这背后的理由是对于现代社会的理解——政治的环境是充满极端和持续分裂的环境。这个预设非常宏大,不可能在这篇小小的文章中研究清楚。所以我在这里的讨论只局限于:(1)一个反映到议会层面的社会分歧是什么样的?(2)在现实取向的政治环境中议会该发挥什么样的功能?

针对第一个问题:虽然一个社会中的分歧有很大一部分是由于人们的无知、偏见、固执,或是根源于利益、权力的竞争,但还有一些是反思后从各种相对完备的世界观、立场(各种主义、宗教等)出发加以理性阐述的,源于视域不同而产生的多样性。我们这里的语境是一个正常运转下的社会(不完全等同于罗尔斯秩序良好的社会),即生活于其中的大多数公民对宪法和法律持认同态度,社会系统及其各子系统运作正常的社会。在这样

---

❶ 〔美〕杰里米·沃尔德伦:《法律与分歧》,王柱国译,法律出版社2009年版,第28—29页。
❷ 〔美〕杰里米·沃尔德伦:《法律与分歧》,王柱国译,法律出版社2009年版,第95页。

一个社会中的议会所讨论的,不是作为善的完备性的宗教学说、哲学学说和道德学说的正确与否及其优先性问题(确实讨论的背后是这些观念在支撑),而是对社会具体政策、个人权利等问题的分歧,现代社会本身对各种相互竞争的善——终极价值——持包容态度,这点议员们也会承认,他们在探讨的是一系列更为具体的中层问题,这里预设了现代社会对各种观念的包容结构以及社会不将某一终极价值奉为官方权威。于是重叠共识的存在是极为明显的——对现存基本政治制度(包括现有议事制度)的认可、对议会先前所立之法的认可,没有这些根本不能以民主的方式和平讨论问题,而且社会可能直接面临分崩离析。沃尔德伦认为的真实世界"那儿人们对正义的根本原则根本不存在一致意见……在该社会人们既不接受也没有认为自己接受了相同的正义原则"❶。即便确实如此,这些原则分歧依然是在分享更多共识的人们之间以和平的方式被讨论着,并且在议会这个环境下是"隐于幕后的众神"。

针对第二个问题:在这几部强调立法的作品中,笔者感到沃尔德伦有严重的立法至上观念,他断定现代社会上"政治的环境是充满极端的和持续分裂的环境",这限制了现代社会自我整合、生成共识的能力。为何关于社会正义的分歧不能在立法机关之外获得解决?这里的问题根源在于启蒙以来的两种制度设计立场:(1)以苏格兰政治哲学传统为渊源的坚持个人理性有限的立场;(2)以笛卡尔的唯理主义传统为渊源的坚持理性设计能为人类创建秩序的社会工程师式的立场。两种立场的背后是对制度设计者和社会关系的两种态度,前者因为认识到人类

---

❶ 〔美〕杰里米·沃尔德伦:《法律与分歧》,王柱国译,法律出版社2009年版,第203页。

个体能力的局限,而在那些创造出比个人所知更宏大、更精巧的非人格结构——社会过程面前保持谦卑。而另一种则带着人文主义内涵的理性骄傲,相信人类能力足以取代造物主规划一切,并对那些自然的而非建构的事物采取怀疑和轻视的态度。❶在这里沃尔德伦偏向于第二种,即使他一再通过描述否认议会内单个议员的理性建构能力,但从整体上他所构建的议会是一个排他的、承担一切主要建构机能的组织。

对于这种议会垄断决策的立场,自由主义内部有过批评:"如果社会的一切运作都受到控制和规训,那么一个社会能取得什么样的进步和发展将被控制它的心智和力量局限。如果那个心智妄自尊大,不尊重那些不受人类主观意志控制的事物和规律,而且动用自己决策者地位一路狂飙的话,是不利于社会发展的。而即使没有那么严重,决策的智慧也会不断萎缩,最终只能局限于一小部分人的心智范围内。"❷如果议会试图通过替代社会,将全部正义的分歧内化到自己的内部,仅仅相信议员个人对社会观点的综合能力,以及议员中多数的智慧与判断,那么在迅速解决分歧的同时,也带来了"致命的自负"。无论如何,议会的成员是社会阶层中的上层精英,即使他们可以最大限度地吸纳社会不同的观点,他们所组成的议会——被沃尔德伦形容为一个社会的缩影——也无法替代真正包含各阶层意见的复杂社会作出的判断。例如在英国,像应不应该脱欧、同性婚姻是否该合法这类问题上在社会观点存在争议并未产生压倒性观点

---

❶ 参见艾佳慧:《被规训的自由主义——从〈个人主义与经济秩序〉说开》,载《光华法学》2008年第1期。

❷ 〔英〕F.A.冯·哈耶克:《个人主义与经济秩序》,邓正来译,生活·读书·新知三联书店2003年版,第12页。

时,议会应保持适当的沉默而不是将这些讨论"内化"以替社会作出决定。

沃尔德伦在这里强调了"立法机关引导其协商",这一点值得赞成,但似乎在他后文的议会模型中没有继续体现,笔者认为"引导"和"协商"在议会模型中具有构成性意义,忽视这点则无法构成基于现实的立法模型。应当把这些归入立法模型中的"统合"概念中。

(三)对多数决的讨论

沃尔德伦对多数决的辩护在《立法的尊严》和《法律与分歧》中都有谈到。在他看来,多数决的正当性体现在:(1)尊重人们关于正义和共同善的意见之差异,它并不因为想象的共识的重要性而要求贬低或者掩盖每个人真诚所持的观点。(2)通过程序体现尊重每一个人的原则。人们常常担心在多数决中个人的选票被淹没在统计数字之中,从个体出发可能觉得多数绝没有把他作为一个有思想的人。然而我们不应把多数决看作关于投票的问题,而应将之视为关乎议题本质的问题,投票只是手段,议题本质上是个关系到众人利益的决定,每一个受问题所影响的人都应有权对该问题发言,那么只有一个程序能计算和在某种程度上评估众人的意见。"这没有选择:如果问题影响到数百万人,那么尊重他人的决定程序要求那些数百万人彼此倾听,并且就共同政策的决定在某种意义上考量了每个人的意见。"❶多数决要求我们不因为想象共识的重要性而要求贬低或掩藏任何人的观点。

---

❶ 〔美〕杰里米·沃尔德伦:《法律与分歧》,王柱国译,法律出版社2009年版,第140页。

这里沃尔德伦是在平等原则的基础上讨论多数决的正当性。但这时无疑将面对另一个批评:对平等作这种狭隘的理解将对政治结果的实质带来不利影响,处于少数的个体的权利可能面临多数的压迫。对此,沃尔德伦的回应是一种程序主义路径,他关注少数服从多数能够实现的程序价值,而不注重决策结果具体体现了何种价值。这种路径不是从聚合的角度理解多数的意义和多数决内涵的价值,因而可以与对个体独立性的尊重相容。这个论证大体上是恰当的,但仍有些值得思考的地方:

首先,沃尔德伦的论证默认了该决策会对所有受影响者产生相同的影响,可在现实情景中总会产生所受影响大小的问题,那么形式上"平等"地考量所有受影响者,在实质上看起来并不是那么公平的处理方式,给予受影响相关者意见更多的权重似乎是更公平的选择。虽然这可能被反驳现实中难以判断影响大小并区别对待,但能不能做到是一回事,这么做合不合理是另一回事。其次,当多数决不能消除专断性权力时,多数决所具有的"平等尊重"价值也会遭到损失。比如,当多数人形成了稳固而团结的、其他分散个体难以抵抗的集体意志时,不仅少数人会受到专断性权力的伤害,沃尔德伦所谓的"考虑到所有人"作为一种平等尊重的实现方式也很难被实现。现实中多数和少数是长期固化的,多数人更容易形成集体意向,所以沃尔德伦多数决的正当性必须附加"多数与少数是不固定的"这一前提。最后,在这里沃尔德伦的论证过于宽泛,仅仅是平等考虑所有相关者不足以赋予多数决以"没有选择"的正当性,因为同样有众多其他决策方式可以做到这点。例如,功利主义方法可能会强调,严肃对待人的最好方式是给予他们的偏好强调以充分权重。波达计数法的捍卫者会坚持说最好的尊重个体的方式是考虑排序产生的所有信息,而不是仅考虑其中的一部分。

沃尔德伦对多数决的另一个论证相比来说更脆弱,在《立法的尊严》中他引用霍布斯:"如果代表者是许多人组成的,那就必须把多数人的意见当作全体的意见。比方说,如果少数人表示赞成而多数人表示反对时,那么反对票在抵消赞成票之后就还会有多;于是多余的反对票便会没有人反对,这样就成了代表者唯一的意见。"❶难以理解一个之前还如此强调对人平等尊重的作者怎么会接受这样的论证。

首先,霍布斯可能是真的在从字面意义理解"抵消"的,如果有必要的话,多数不仅会在声音上压倒少数,更可能在肉体上消灭掉少数。这是因为,霍布斯相信,"平等"就是每个人都平等地处于能杀掉其他任何人的位置上。因为考虑到这种"平等",多数的声音被少数"尊重"。

接下来,我们来按沃尔德伦的提议模拟一个院系教授招聘的场景❷,A 组、B 组是法学院内两个持相反立场的学派,学院需要从 A 组和 B 组的推荐中聘请一个法学家(A 组、B 组推荐了不同的人,并且在表决时不能说服对方),于是 A 组、B 组轮流出场作出陈述。A 组人数少于 B 组,最后剩下 B 组的人在陈述。很明显,因为他们人数多,就认为他们观点被说得更多,这是错误的,"被说得更多"需要涉及论证的内容和它们的逻辑,而不是认可一个观点的人数,正反论证可以相互抵消,但不

---

❶ 〔英〕霍布斯:《利维坦》,黎思复、黎廷弼译,商务印书馆 2017 年版,第 126 页。

❷ 参见〔美〕马蒂亚斯·里瑟:《多数决的辩护》,牛文浩译,载《政治思想史》2017 年第 2 期。

能因为人数就相互抵消,这不是正电子和负电子相互碰到就湮灭。还要考察论证的强度,比如 B 组有 20 人,平均每人有强度为 2 的论证(平均 B 组对自己推荐的人并不是那么积极),A 组有 15 人,平均每人有强度为 3 的论证(平均 A 组对自己推荐者的评价很高,更积极地推荐),那么如果按等比例的考虑,A 组的方案就更应通过决策机器被实现。更有可能的是在 A 组、B 组之间通过友好协商,比如这次让 B 组推荐,下次让 A 组推荐,而不是每一次招聘都让 B 组(在多数决的情况下 100% 获胜)推荐,这显然不公平。

当少数对多数具有强有力的反驳而多数意见并没那么激烈的支持时,支持简单多数的正当性就不存在了。沃尔德伦似乎过于关注意见表达者人数的多少,而忽视了意见质的内容,以及在共同体中公平和尊重地对待所有参与者,变成了简单的多数至上主义。投票的方式不应该仅仅考量人头数。

德沃金在《认真对待权利》中的"自由和道德主义"一文中指出:"我们已经认识到即使是最大多数的道德观念也不能成为真理的依据。"[1]忽视少数人的权利一直被认为是民主制度中不可忽视的问题,在少数人的权利面前,多数的道德并不能得到无限制的支持。

(四)作为立法结果的法律文本如何具有权威

沃尔德伦发展了拉兹权威三命题之一的"常规证成命题"

---

[1] 〔美〕罗纳德·德沃金:《认真对待权利》,信春鹰、吴玉章译,上海三联书店 2008 年版,第 322 页。

[(J)命题]❶:一部制定法 S 对某人 Y 具有权威,仅仅只是:某人 Y 可以通过遵循 X 的条款而遵循了适用于他的理由,相比于试图直接遵循适用于他的理由,这要好得多。❷ 用信用卡的例子来说,我不知道我的账户中的余额,于是我拨通了银行的电话,话筒中一个机器声音这样说:"您的账户余额是 202071 美元 70 分,您的可用资金是……"根据(J)命题,机器的输出对我具有权威性,相比于依赖自己的记忆力去计算消费后的余额,依赖银行信息会更准确。而立法机关在沃尔德伦眼里是一台"沃尔海姆机器"❸,将机器(而非个人)视为权威的理由有哪些呢?他提了包括功利主义、孔多塞陪审团定理、亚里士多德综合在内的三个论证思路。第一个论证是功利主义,一台沃尔海姆机器的功利计算能够比任何个人或汇集意见能力没有它强的机构在计算社会福利上优秀很多,因为代议机关通过一系列手段确保立法者的投票精确反映了代表选民的偏好比例,这时在涉及多数人幸福的问题上,放弃自我依赖,而相信机器计算的结果会是更

---

❶ 拉兹认为实践权威需满足三个命题:①依赖性命题(the dependence thesis):所有权威命令应当立基于那些服从命令者的理由之上。②常规证成命题(the normal justification thesis):确认一个人应当被承认拥有权威的常规理由,是服从者遵守他的命令相比于遵守自己的理由更能符合自己的目的。③优先性命题(the pre-emption thesis):权威要求的行动这一事实是服从的理由,这一理由取代了(优先于)服从者的所有其他理由。参见〔英〕约瑟夫·拉兹:《公共领域中的伦理学》,葛四友等译,江苏人民出版社 2013 年版,第十章;〔英〕约瑟夫·拉兹:《自由的道德》,孙晓春等译,吉林人民出版社 2011 年版,第三章。

❷ 参见〔美〕沃尔德伦:《法律与分歧》,王柱国译,法律出版社 2009 年版,第 168 页。

❸ 又称民主机器,由理查德·沃尔海姆(Richard Wollheim)提出,各个公民在固定时间段将选择提交给它,然后,机器根据以前建立的规则方法在这些选择中生成答案。如果在机器没有工作的时间段,人们依然按照机器最近的"决定"行动,那说明民主是成功的。

明智的。第二个例子是孔多塞陪审团定理,如果每个投票选择出正确答案的概率大于 0.5,最终获得正确答案的概率将远远大于 0.5,并随着投票规模扩张,概率将趋近于 1,虽然这个定理同时也伴随着如果存在任何投票者能力低于 0.5,那群体能力最后趋向于 0 的结果。沃尔德伦暗示了如果经过民意层层筛选产生的立法者,其谨慎地讨论某个议题❶,那么可以认为他们的能力都大于 0.5,公民可以相信他们更有可能得出答案。第三个例子是亚里士多德式的综合,这不像孔多塞那样只考虑盲目算术,而是更多集中于真实世界的可能性,在《政治学》中亚里士多德提出"就多数而论,其中每一个体是无足轻重的,但当他们汇集在一起时,如果不是单个人地而是集体地看,那么他们可能超过少数贤良,就像多人出资举办的宴会可以超过一人独办的宴会。因为其中每个人都有一份优点和实践智慧,当他们汇集一起,就像他们以某种方式变成一个人……"❷沃尔德伦理解,这背后是这样一种观念:大量人带来多元观点,并且他们通过汇集这些观点作出决定,可以比其中任何人更好。在议会这个包容社会众多冲突、拥有最多元的观点的机构,通过观点的交锋,综合最终能形成最好的观点,而这样(J)命题就获得了证成。

笔者认为第三个例子是说服力最强的,但对此仍要提出一些异议:"宴会之喻"能否这样直接地用于证明民主制度下议会的立法商谈?宴会中的"集体优越性"如何体现?这就涉及这段句子的核心意象——"宴会"。我们先想象一下我们日常举办的家宴,要成为亚里士多德预设的成功的宴会,参与者需要

---

❶ 这个前提也是现实中很多国家无法做到的。
❷ 〔古希腊〕亚里士多德:《政治学》,吴寿彭译,商务印书馆 2013 年版,第 66 页。

具备一些前提,正如文中所言"都有一点优点和实践智慧",这两个前提是:(1)参加者有共享的知识,比如参加宴会的每一个人都知道其他人擅长做什么、其他人都做了什么,自己不要重复,否则万一大家都做了一样的菜或同类的菜(如全做了西红柿蛋汤),那这场宴会想必很扫兴。(2)大家遵守以下习惯或规则——不搭便车,不能只图自己省钱,如果参加宴会的人都想着"蹭饭",那很可能大部分人什么都吃不到。可见这样的宴会模型更适用于有更亲密关系的家宴,而不适用于沃尔德伦笔下连共同话语都没有的立法者。

更进一步,我们要考察亚里士多德笔下"宴会"的真正含义,其希腊文原文是 hestiasis,这种"宴会"是一种大型共餐❶,出于宗教政治目的,主办方从足够富裕的人中提名,由其赞助并承办该活动,被提名者将感到无上光荣。在这种集体准备的宴会中,大家贡献的不是菜品而是金钱或其他资源,集体之所以准备得更好,只是因为其更大而已,不是因其组织方式,不是因其菜品,这种晚宴上只提供固定的几样东西:烤肉、面包和酒。从文字谈到的"出资"一词也可证明上述历史考察的准确性。所以规模才是"宴之喻"的关键,用中国人的话来说,不是"三个臭皮匠,赛过诸葛亮"而是"众人拾柴火焰高",即此处不是形容多样性汇聚由此产生更佳的决策,而是人多力量大。故而沃尔德伦把这个比喻用于论证多数更加智慧,是不当的,不能在认识论上作为民主的依据。❷

---

    ❶ 参见谈火生:《亚里士多德的"宴会之喻"是民主的认识论证明?——〈政治学〉第三卷第 11 章解读》,载《政治学研究》2019 年第 3 期。
    ❷ 很大程度上沃氏的错误在于从经典随便挑句子论证自身正当性,而完全忽视经典文本中的具体情境。将现代观念投射到古典文本时,一定要非常慎重。

在沃尔德伦后期的研究中,他重新思考了法律权威的来源:首先,共同体对所讨论问题之紧迫性和重要性产生共鸣,如果共同体感到这些事情关乎共同体内大量成员,必须被认真对待,那么对议事的紧迫感就产生了,一旦紧迫感确立,那么多数决的可尊重性就实现了。在这种情况下,我们面临着紧迫的问题,在极端分裂、持续分歧的现实环境中,多数决不仅能解决问题,还能以一种尊重人的精神解决问题,它的权威性体现在事实中,在这种环境下它允许我们以这种方式讨论问题。紧迫且重要的压力,与尊重与自己意见不同的人,两股力量共同构成了对成员的约束——形成了权威。

法律权威建立在以下事实上:存在一个我们公认的需求——在共同的制度框架里,对不同议题的一致行动或者在不同领域协调我们行为;并且这种需要不能因存在该事实——我们对于行动的共同进程或者共同制度框架应该是什么存在分歧——而被排除,法律是在分歧的环境下建立制度框架和组织协调集体行动。

四、我们需要怎样的立法法理学?

沃尔德伦将多元主义政治学理论引入法学,并建构了更符合社会高度分化、公民主体意识觉醒的现代政治环境的立法模型作为其多元民主理论的基础,虽然从规范论证的角度看并不是特别理想,其论证中暴露出的对经典文本的断章取义严重削弱了论证的严谨性。但其所关注的——为传统实证主义法学所掩盖的问题——规范法学与现实政治的联系,以及其建立自身体系的论证方法仍值得肯定,其中可以引申出对于现代性的种种思考。在我们讨论立法问题时单纯从程序与规范角度进行描述可能是失之偏颇的。立法机构是否能简单地还原为一组程序,以至于立法中核心的政治争论被抽空?无论是传统的社会契约论,还是程序正义论,立法不过是一套复杂的法律程序,立法甚至国家变成了法律关系的总和。在这个意义上,不仅"立法者"没有了实际的意义,任何对立法所做的深度挖掘也被排斥出法学研究范围。但正如立法机构不是单一立法者,立法活动也不仅是程序,分歧、斗争才是其真实的主题。在此,立法机关不再是由法律框架搭建的机器,而是由权力、利益填充的复杂实体。这种思考方式并不排斥规范思维,相反它将规范思维置于更现实的语境中,把之前仅仅处在抽象逻辑层面的正当性放在政治现实中加以检验。❶

传统分析实证法学构建的逻辑精巧、论证严密的法律世界是值得深思的,对于我们——一个处在法治建设过程中、大规模立法现象长期存在的国家来说,法学家尚不能脱离政治分歧、利益冲突的语境去谈一套"高贵的寓言",去创造一套现代神话。在接下来的讨论中,笔者将沿着沃尔德伦的进路,从分歧与多元出发,并融入民主协商制度来进一步展现立法法理学的要旨。

(一)分歧与多元

在现代社会,对于关于权利、正义、道德、公共利益的问题,产生合理分歧是很正常的,我们每个人都有不同的视域、前见,这些形成了我们每个人独特的人生经验、观点和立场,对于这样的现象立法必须正视而不是逃避,正因如此,法律在现代生

---

❶ 参见强世功:《立法者的法理学》,生活·读书·新知三联书店2007年版,第一章。

活中的独特价值更加凸显——为因分歧而无法行动的人们提供排他性方案(权威),这种排他性解决方案并不一定比每个人想得要高明,但它的功能——在共同体中提供一致性方案的统合功能——是不能被替代的。如果我们从功能的角度理解法律,那么人们对于法律的各种分歧,各自理念的冲突就能与法律的权威共存,只要立法者能正视分歧,人们就能更尊重他们创立的制度。

(二)协商与统合

社会的多元带来分歧的增加,为回应分歧人们需要协商。理想的立法图景是人们对被提交的议案相互讨论、沟通、表决的过程。协商是民主的德性,它强调尊重不同的意见、吸收不同的智慧,任何观点都必须经共同体筛选后才能获得正当性。但是我们不可对现实过于乐观,协商不一定能达成任何共识,参与协商的人们也不会完全理性和充满公共德性,我们也相信即使经过充分商谈后对权利、正义的分歧仍会存在,此时为推进集体行动,我们需要统合性的力量,由于议会具有"内化那些分歧,把它们纳入我们议会的制度结构"❶的作用,它成为第一次统合,代表了社会分歧的立法倡议书、专家意见书、代表团联名信等被内化为一个个待讨论的议案,而经过议会辩论后仍无法达成的共识,则需要议事规则或秩序来进行下一步统合,如集中表决。

(三)议案与权威

沃尔德伦鲜有谈到统合,但其实这在立法过程中必不可

---

❶ 〔美〕杰里米·沃尔德伦:《法律与分歧》,王柱国译,法律出版社2009年版,第28页。

少,也许正因如此他才觉得议员们只能充斥着分歧——如果进入立法机关后他们真是自说自话,那的确如此。但现实中议会讨论是围绕着焦点——立法议案——展开的。而且议事规则中也限定了讨论时间、表达次数,故分歧被统合所约束。对于议案来说,它与最终法律文本有密切的联系,于是我们担心:如果分歧对议案是不可避免的,那么它们是否会影响法律的权威?

其实这个担心是没必要的,立法机关所做的不是把某个议案拿来直接将其宣布为法律,这个议案就能获得权威,而是通过不断争议,将社会分歧内化到法律文本,这个协商的过程中一些重叠共识将会生成并被最终吸收进法律,那些重叠共识拥有真正的权威,而最初的议案中很多条文很可能在观点的交锋中败下阵来,不会进入最终文本。故而立法的权威并非仅仅体现在表决的那一刻,而是伴随着立法过程始终。

五、简短的结语

对沃尔德伦的研究为我们探索民主立法与公众参与提供了新的视角,对我们寻找一种面向现实政治活动的法学研究也有不小的启发。

诚如沃尔德伦的洞见:多元和分歧是现代社会的一大特征。因此,我们必须意识到自我国进入市场经济时代以来,经济模式的多元带来的利益群体多元,因地理位置和发展速度的不平衡,形成了我国东西、海陆、城乡等区域化差异,再加上文化教育资源等因素,国民在正义观、权利、公共事务上的认知已出现很大分化。在这样的现实背景下,立法和政治决策过程中也势必会出现越来越多的价值冲突和观念冲突。当这些多元思想出现在关于权利、公共事务等重大问题上时,分歧就会产生。当这些分歧凭借社会力量无法自然融合时,立法和立法机关就变得格外重要。全国性的立法机构在进行民主协商时,必须有充分的考量:如何使多元的社会能够在国家层面实现统合。这需要对立法机构的职能进行重新审视,为扩大公众参与立法的渠道和协商创造新的可能。只有这样,我们的制定法才能拥有权威,立法才能成为一种值得人们尊敬的社会治理方式。

对当代美国总统制中立法权问题的新探索

李海默*

世人皆知,当代美国总统是一个拥有强大单边性权力,可以单方面对外宣战与制定律法,经常得以免于宪制层级控管的职位。❶ 在制度性框架下,美国总统并不必然需要国会立法机构的配合来介入立法程序。❷ 当代美国公众往往对总统有过大、过高的期待,由此也带来美国总统职位不断强化的权力。❸ 但

---

* 上海复旦大学国际关系与公共事务学院青年副研究员。美国休斯敦大学政治学博士(2021),曾任休斯敦大学政治科学系本科生课程讲师(undergraduate instructor)。

❶ 关于此点,可以参阅李海默:《学理上,美国会是否能够限制约束特朗普关税权力?——贝利教授论美国总统的权力分际》,载观察者网(https://www.guancha.cn/LiHaiMo/2018_07_30_466099.shtml),访问日期:2018年7月30日; Jeremy D. Bailey: "Populism and Presidential Representation", Critical Review,Vol. 31: 267 (2019); Jeremy D. Bailey, The Idea of Presidential Representation: An Intellectual and Political History, University Press of Kansas, 2019; John A. Dearborn, Power Shifts: Congress and Presidential Representation, University of Chicago Press, 2021。

❷ See Suzanne Samuels, Law, Politics, and Society, Houghton Mifflin Company, 2005, pp. 211-212.

❸ See Saikrishna Bangalore Prakash, The Living Presidency: An Originalist Argument Against Its Ever-Expanding Powers, Harvard University Press, 2020, pp.53-54; 关于此点,亦可参阅李海默:《"深层政府"与一元(转下页)

与此同时,一般来说,美国公众并不喜欢总统经由单边性权力颁布政策,而是更倾向于通过国会环节的正常立法途径。❶ 随着美国总统制在体量、复杂性、管辖范围等多方面都不断增长,有效对其实施控制的难度也不断增长。❷ 斯科特·摩根斯顿(Scott Morgenstern)等人比较政治学范式的研究指出,与拉丁美洲的总统体制相比,从原理和基本法条规定上讲,美国总统权力相对较弱,但是,在实际的运行过程中,美国总统有着强劲的实力在许多领域推动其政策议程,而且有强大的实力确保政策在其任期内得到持续不断推行,因此美国总统只是在法律条文和制度框架上看起来相对较弱,而实际上则完全并非如此。❸ 广义而言,美国总统在预算财政权、人事权等诸方面皆受制于国会,但在实际的操作过程中,总统权力远大于纸面之规定。比如,理论上总统对行政部门官僚办事机构的人事权需要经过国会立法部门确认,但实际上,总统可以通过使职位悬缺,或者任命临时过渡性官员等手段来规避国会对总统的干涉

(接上页) 型总统制:美国当代政治中的两个幽灵?》,载澎湃新闻·思想市场(https://www.thepaper.cn/newsDetail_forward_12601578),访问日期:2021 年 5 月 24 日;Stephen Skowronek, John A. Dearborn, Desmond King, Phantoms of a Beleaguered Republic: The Deep State and The Unitary Executive, Oxford University Press, 2021。

❶ See Reeves, A., Rogowski, J.C. "The Public Cost of Unilateral Action". American Journal of Political Science, Vol. 62: 424 (2018).

❷ See Marc Landy et al., American Government, Cambridge University Press, 2014,pp.225-226.

❸ See Scott Morgenstern et al., "Tall, Grande, or Venti: Presidential Powers in the United States and Latin America", *Journal of Politics in Latin America*,Vol. 5 (2): 37 (2013).

和规制。❶ 雷蒙德·T.威廉姆斯(Raymond T. Williams)的研究区分了不同类型的总统所下达的指令,并发现在历史时期上(19世纪60年代—20世纪40年代)总统们对于行政命令(executive order)这个选项的使用频率与当代总统制下并无显著不同,都属较多运用(只是当代总统在这方面有更多发展而已),而在公告宣言(proclamation)这个选项上,历史时期总统们则似乎不如当代总统激进,公告宣言这一选项似乎逐渐由一种行政管制工具变化为一种更趋单方面的指示命令。❷ 丹尼尔·B.罗德里格斯(Daniel B. Rodriguez)等学者的研究也指出,依据美国体制,行政部门确实对政策的形成有很大的影响力,但是近年来,多任隶属于不同党派的美国总统都在试图用颇具争议性的手段扩张其影响力,体现出行政部门的强烈投机主义心态(executive opportunism),比如说,他们会利用所谓"签署声明"(signing statements)的机会,来使自己获得解释法条相关含义的权力,而这种扩权行为往往会导致立法僵局现象❸。近年来美国总统愈发频繁地直接介入立法程序,当其在立法方面排定的政策议程于国会中得不到支持时,总统往往会单方面地继续前进,直到成功,而一旦总统在这方面取得突破,这样的案例就会

---

❶ See Kinane, C., "Control Without Confirmation: The Politics of Vacancies in Presidential Appointments", American Political Science Review, Vol. 115: 599(2021).

❷ See Williams, R.T., "The Historical Presidency Unilateral Politics in the Traditional Era: Significant Executive Orders and Proclamations, 1861 – 1944", Presidential Studies Quarterly, Vol. 50: 146 (2019).

❸ Daniel B. Rodriguez, Edward H. Stiglitz, Barry R. Weingast, "Executive Opportunism, Presidential Signing Statements, and the Separation of Powers", Journal of Legal Analysis, Vol. 8: 95(2016).

不断被后来人所引用,作为法理上的所谓"前例"层层累积起来。安德鲁·里夫斯(Andrew Reeves)等人的最新研究指出,尽管立法僵局可能会增加总统诉诸单边性权力的可能性,但其实美国公众对此现象普遍持较为消极和忧虑的看法,只是毕竟现阶段美国政治极化现象相当严重,故而总统们往往面临向选民承诺过多,但实际能兑现承诺则太少(overpromise and underdeliver)的棘手情况,于是他们就有一意而行,选择单边性行动的可能。❶ 弗吉尼亚大学法学院教授(Saikrishna Bangalore Prakash)的《活着的总统制:以原旨主义对抗总统扩权》(*The Living Presidency: An Originalist Argument Against Its Ever-Expanding Powers*)一书堪称美国学术界对此问题的最新锐研究。

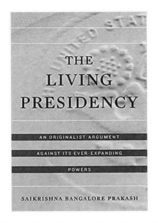

Saikrishna Bangalore Prakash, *The Living Presidency:
An Originalist Argument Against Its Ever-Expanding Powers*,
Harvard University Press, 2020

---

❶ See Andrew Reeves Jon C. Rogowski, "Unilateral Inaction: Congressional Gridlock, Interbranch Conflict, and Public Evaluations of Executive Power", Legislative Studies Quarterly, Vol. 47: 427 (2022).

一、"与时俱进的宪法"与行政部门的扩权问题

按普拉卡什的看法,自由派学者在对当代美国总统制的理解上存在显著的误区:一方面,他们极力地谴责批判所谓君王式的总统制(the imperial presidency),亦即总统不断扩张个人名下之权,渐渐架空国会的现象;另一方面,他们倾向于鼓吹所谓"与时俱进的宪法"(living constitution),提倡宪法必须要合辙于当前具体时代,即不通过真正的修宪程序(因为门槛非常高),而改变宪法的日常解释或适用的效力和范围。在普拉卡什看来,这两个方向上的诉求其实是自相矛盾的,因为后者在实际运行中带来的影响正好给前者所反对的君王式的总统制提供了土壤与温床,"与时俱进式的宪法"往往会不断加强与充实行政部门手中的权力,并使得行政部门免受制度性的限制。在书中,普拉卡什指出美国总统制中总统的原初设计和今日世界上存在的君主立宪制里的君主相较,明显权力更大,但本质上美国总统是一种"受限制的,共和主义范式的君主制"(a limited, republican monarchy)❶。

"与时俱进的宪法"方案的支持者们认为,正是拜这一方案所赐,原本几乎处于静止状态的宪法得到了一种健康有益程度的进展,当代美国人也获得了他们所珍视的一系列权利,就连现代规管型国家(the modern regulatory state)所带来的各项"益处",据称也与此一方案的实施密切相关联。相当多的"与时俱

---

❶ Saikrishna Bangalore Prakash, The Living Presidency: An Originalist Argument Against Its Ever-Expanding Powers, Harvard University Press, 2020, pp.41-42.

进的宪法"方案的支持者们都倾向于避谈此方案实施进程中产生的总统扩权问题,他们本身也并不喜欢总统职位不断扩权,但是他们认为这样的现象在总体层面并无碍于推进"与时俱进的宪法"方案所能带来的种种益处,所以他们往往就干脆选择避谈。❶ 从深层的原理上讲,普拉卡什并不必然反对所谓"与时俱进的宪法",但他指出,在实际操作中,支持这种看法的人往往是在不断赋权给总统,使其有能量改变宪制秩序和结构。这其中一部分机制性的原因是,总统作为政府首脑,同时也是其所在党派的领袖,是美国国内唯一能够声称其获得人民广泛授权,代表全体人民解决当下棘手问题的人,而在解决问题时往往会采取绕过宪制框架的权宜之策,近几十年来这早已成为担任总统者行为模式的惯例。普拉卡什亦指出,这与在位的总统是民主党人还是共和党人无甚关系,因为当代的美国总统几乎都只专注于他们自身手中的权力和所处的位置(their own power and standing),而对其政治作为可能会对制度结构产生的长时段影响则漠不关心甚至选择无视。❷

在此书中,作者还讨论了一个非常有趣的宪法学层面的议题,一方面作者坦言,按照美国建国时的制宪会议记录,当时不少参与者都曾宣称人民有权修改政府体制,但另一方面作者指出,这种权利的本质是超宪法层级之权(extraconstitutional right),亦即其本身乃行之于当前宪法框架之外,凡其被行使之时,必将涉及一场新革命,亦即不可能再用旧宪法的修正程序,因此,从终极意义上说,原有的宪法体制本身并不会认同人民有权随意修改政府结构,这样的一种超宪法层级之权在原有

---

❶ Id., pp. 103-104.
❷ Id., p. 59.

的宪法框架中是不具备任何法律认可地位的。❶

此书在不少细节问题上都提供了很有意思的看法,比如,此书指出,尽管美国宪法体制以其"制衡"原则著称,但本质上并不存在所谓"宪法衡平(balance)准则和目标",在原初设计时,立法机构被赋予很大权力,行政部门亦有很大能动性,而司法机构相对较弱,三权中以国会所握之立法权为最强劲,从一开始,就并不希望这三权达到所谓"衡平"状态,三权之间的所谓"衡平"状态(interbranch balance)并非美国宪法所追求的目标。在布拉卡什看来,尽管一些现代法学学者认为目前行政与司法获得更多权力,而立法权被相对削弱的局面可能更接近他们理想中所期待的所谓衡平,但这种"衡平"实质上并非美国制宪者原本最初的意思。❷ 布拉卡什还指出,美国立法与司法机构人员太多,众口难调,无法取得一致,而相比之下,总统一人之意志在行政部门畅通无阻,于是就自然有了相对的势与位上的显著优势。此书作者还指出一种机制,即在当代美国政治的实景中,总统往往是其所在党派的实质性领袖,因此,他可以针对立法机构中反对他攫取更多权力的国会议员下手,从经济源头上阻碍其连选连任之路,甚至在党内初选时故意对其下绊子,推出别的候选人来取代之。广义而言,总统渐渐变成其所在党派的领袖这一现象也导致与总统同一党派立场的人会倾向于不问是非地一味支持总统逾越法律而行使权力。

---

❶ Id., pp. 38-39.
❷ Id., p. 109.

二、美国政治学界对此问题的若干不同看法

在提出实际修缮建议时,此书作者的许多建议都是围绕着国会应更积极介入而展开,也就是说,作者更多的是想诉诸国会对总统权力的反向制衡(Congressional checks on presidential powers)。此点亦与该书作者一贯所持立场相合,早在2018年的一篇论文中,该书作者就曾明确提出"美国国会必须叫停不断扩张的总统权力"(Congress must act to thwart an aggrandizing executive)❶。既然如此,客观上就必然要求国会要超越党派歧见,一致而行,但实际上,目前美国的高度政治极化现状❷未必能给予这样的空间。而且此书作者似乎并未注意到美国政治学界的相关研究,比如,按美国学者布兰登·罗廷豪斯(Brandon Rottinghaus)教授的研究,当在意识形态上远离国会或者最高法院的中位数立场时,总统可能会发布具有更多实质性自由裁量权的单边指令,但当这两大权力部门在意识形态上都与总统相

---

❶ Saikrishna Bangalore Prakash, "The Past, Present,and Future of Presidential Power", University of St. Thomas Law Journal, Vol. 14: 627 (2018). 而更早地,在2005年时,Prakash就曾以《规管总统手中之权力》为题发表专题论文,参阅 Saikrishna Prakash, "Regulating Presidential Powers", Cornell Law Review, Vol. 91: 215 (2005)。

❷ 关于此点,可参阅李海默:《美国政治极化现象:三个不同维度的观察》,载《二十一世纪》2021年4月号(总第184期)。亦可参阅李海默:《特朗普时代,"新内战"阴霾笼罩美国?》,载澎湃新闻·思想市场(https://www.thepaper.cn/newsDetail_forward_3166881),访问日期:2019年3月26日;李海默:《美国两党政治的两极化》,载《海峡评论》2021年5月号。

距遥远时,则总统更有可能会减少对自由裁量权的使用❶,也就是说,更关键的问题可能在于国会与最高法院的基本立场取态是否较为一致,且皆显著不同于总统所采之立场。而康奈尔大学道格拉斯·L.克里纳(Douglas L. Kriner)教授等人的研究则认为总统是否会高度依赖于单边性的政策制定行为,很大程度上也许是和总统执政时所拥有的民意支持度相关,当民意支持率升高时,总统会更多地推出单边性的政策法令,而当民意支持率下滑时,总统则会减少在这方面的作为❷。若按这种解释,则民意依归,才是主要决定因素。而且,克里纳等人还在 2020 年出版的一部最新作品《帝王式总统制的神话》(*The Myth of the Imperial Presidency*)中提出了一套与布拉卡什完全不同的分析解释框架。的确,在他们看来,若依美国制度框架的书面规定,立法机构和法院对总统的单边性权力缺乏制衡约束的有效工具,但是与此同时,统计数据显示,在普遍民意并不支持的情况下,美国总统一般不敢强推单边性措施,因为那样做可能会危及自身的政治资本,并损及以后的其他单边性举措的推动,正因为有这样的机制的存在,国会和法院系统可以通过影响民意来进一步制衡总统。克里纳等人认为,只要总统还关心民意支持度的走向,就不存在所谓"帝王君主式的总统"。这一类的政治学相关研究,布拉卡什似乎并未充分顾及。当然,布拉卡什提出的一些实际建议还是很有内在道理的,比如扩充国会工作人员

---

❶ See Rottinghaus, B., "Exercising Unilateral Discretion: Presidential Justifications of Unilateral Powers in a Shared Powers System". American Politics Research, Vol. 47: 3(2019).

❷ Dino P. Christenson, Douglas L. Kriner, "Does Public Opinion Constrain Presidential Unilateralism?", American Political Science Review, Vol. 113: 1071(2019).

队伍,增加更多日落条款,鼓励国会在总统行为不当时发出明确谴责,以及不再将过多的任务交付给行政部门下的官僚机构去执行等。另外,此书完成于2021年1月暴民冲击国会山事件之前,布拉卡什已能清晰地看到总统与国会之间的紧张对峙关系,亦属难能可贵。

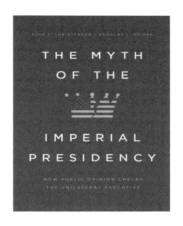

Dino P. Christenson / Douglas L. Kriner,
The Myth of the Imperial Presidency:
How Public Opinion Checks the Unilateral Executive,
University of Chicago Press, 2020

布拉卡什的一个口号是"将行政部门试图扩权的雄狮重新关进笼子里去"(recage the executive lion)。他呼吁,美国人要强烈抵制总统攫取更多权力的行为,哪怕这种扩权旨在推行广受欢迎的公共政策,扩权行为本身也应被抵制。从基本面上,他认为美国宪法的原初文本里总统并非作为独立的政策制定者而存在,其更多扮演的本应是忠实执行国会所通过的各项政策的角色。但是实际上,笔者认为,布拉卡什对美国宪制史的发展进程把握并不准确,正如耶鲁大学政治学者伊恩·夏皮罗(Ian Shapiro)所指出的那样,在19世纪30年代之前,由于美国总统候选人都是由国会各党派挑选出的,整个美国政治体系更像是英式议会体制,但从19世纪30年代杰克逊(Andrew Jackson)将民粹主义风潮带进美国政治以来,这个系统已被替换为向更广民意开放的党内初选机制❶。已故美国政治学大师达尔(Robert Dahl)的研究亦指出,杰克逊总统任期之后,美国的政治实践就已不再是所谓立法权至高无上。❷ 因此,我们可以说,布拉卡什所描述的那种理想状态早在近200年前就已不再是美国的实景。此外,布拉卡什对20世纪上半叶的美国政治史把握也可能有误。按照美国政治学者约翰·A.迪尔伯恩(John A. Dearborn)2021年在新出版的《权力迁移:美国国会与作为一种代表制机关的总统》(*Power Shifts: Congress and Presidential Representation*)一书中提出的研究,在20世纪上半叶,美国国会不断强调和塑造"总统(及其僚属)作为一种全国性的代表制机构应积极参与到立法程序中来"的论点,是美国国会,而非美国总统,促使美国总统权力获得了不断的扩展。因为国会可对总统之权力进行相关立法(Congress can legislate presidential power),从1910到1949年间国会不断进行此方面的动作,使得美国总统职权更趋制度性,其管辖范围被增宽,管辖深度被加深,而且所拥有的

---

❶ See Mike Cummings, "Polarization in U. S. Politics Starts with weak Political Parties", at https://jackson.yale.edu/news/polarization-in-u-s-politics-starts-with-weak-political-parties/;亦可参阅 https://www.the-american-interest.com/2018/10/02/empower-political-parties-to-revive-democratic-accountability/。

❷ See Robert A. Dahl, A Preface to Democratic Theory, University of Chicago Press, 1956, pp.143–144.

各项权力也更加明晰化和更为直白。❶ 直到 20 世纪 70 年代之后❷,当美国国会试图重新扩大自己手中的权力时,他们才发现此前他们所提倡的"总统作为代议制机关"说,已严重限制了他们将权力重揽回自己名下的限度和可能。从迪尔伯恩的最新研究来看,布拉卡什所极力批判的现象中,至少有一部分是肇因于当年美国国会于无意间"搬起石头砸了自己的脚"的策略选择。

John A. Dearborn, *Power Shifts:
Congress and Presidential Representation*,
University of Chicago Press, 2021

---

❶ See John A.Dearborn, Power Shifts:Congress and Presidential Representation,University of Chicago Press, 2021, pp. 4-5.
❷ 按照此书描述,最早在 20 世纪 40 年代中期,美国国会里已有人开始担心国会与总统之间权势的消长趋势,See ibid., p.126。

实际上,对于美国政治在当前面临的一系列挑战,不同学者的建议大相径庭。比如美国知名政治学者特里·莫伊(Terry Moe)等人就认为,美国政府当前绩效不彰的本质原因乃是整个治理体系过度老旧,缺乏实效和领导力,而特里·莫伊等人提出的相应解决方案是通过修宪以给予美国总统更大的议程设置权力,使美国总统在各种立法领域均得以快速提出法案(universal fast-track authority),国会则相应地对其法案进行直接表决,多数决同意则通过,亦即国会不能以延宕议事的手法阻碍法案进程,而只能对总统提出的法案或者表决同意,或者直接否决。❶ 特里·莫伊等人的基本思路就是更强势的总统制会带来更有效的政府治理,而更有效的政府治理又会相应减少民粹主义的蔓延(早在1999年时,特里·莫伊等人就已指出,总统的单方面立法之权在美国宪制框架中并无明文可据,而是十分含糊,但总统必然会在这一方面利用文本的含糊性不断推进、扩展自己名下权力,而且国会和法院系统其实很难有效阻遏总统的推进)。❷ 这样看起来,特里·莫伊等人作为政治学者提出的解决方案与布拉卡什作为法学学者的方案几乎可以说是背道而驰,全然相反。

---

❶ See https://www.cato.org/blog/moe-power-moe-problems;亦可参阅 William G. Howell, Terry M. Moe, Relic: How Our Constitution Undermines Effective Government--and Why We Need a More Powerful Presidency, Basic Books, 2016; Terry Moe,The Politics of Institutional Reform: Katrina, Education, and the Second Face of Power, Cambridge University Press, 2019;以及 William G. Howell, Terry M. Moe:Presidents, Populism, and the Crisis of Democracy, University of Chicago Press, 2020。

❷ Terry M. Moe, William G. Howell, "The Presidential Power of Unilateral Action", Journal of Law, Economics, and Organization, Vol. 15: 132 (1999).

三、美国法学界对此问题看法与布拉卡什的若干异同之处

在另一个层面上,布拉卡什的看法可能也有问题,布拉卡什倡导学者们回到宪法的原初文本,但他似乎忘了,既然是解读,就可能会有截然不同的观点。事实上,保守派学者里强调向总统更多赋权并使行政部门权力统一的不少人,都是来自于强调原初宪法文本的立场。其实布拉卡什对此相当清楚,他于 2015 年在耶鲁大学出版社出版的《从一开始就比拟于帝王:总统制的原初设计》(*Imperial from the Beginning: The Constitution of the Original Executive*)一书中即明确指出,美国总统职位在最早构建之时就和君主制地位颇有关涉,布拉卡什的立场是,尽管如此,保守派学者对原初文本的解读仍是错误的,他们号召向当代美国总统更多赋权是有误导性的。不过,保守派学者自然也可以回击说布拉卡什的解读才是错的,并因此是不值得被信赖的。此外,从进步主义的角度看,提倡宪法要不断变动,"以合于时","每代人皆应有与其相符之法度"❶亦实乃自杰弗逊以降的一种美国固有知识传统,对于此方面布拉卡什似乎也论述得不够。❷

---

❶ 用杰弗逊原话,即是"by the law of nature, one generation is to another as one independent nation to another"。关于此,可参阅 Jeremy D. Bailey, Thomas Jefferson and Executive Power, Cambridge University Press, 2007 与 Ari Helo, Thomas Jefferson's Ethics and the Politics of Human Progress: The Morality of a Slaveholder, Cambridge University Press, 2013。

❷ 关于此,可参阅 Jeremy D. Bailey, Thomas Jefferson and Executive Power, Cambridge University Press, 2007; Jeremy D. Bailey, James Madison and Constitutional Imperfection, Cambridge University Press, 2015。

而且,布拉卡什似乎没有注意到,实际上"原旨主义"和"与时俱进的宪法"这两种不同理路本质上并不必然形成冲突。正如耶鲁大学法学院杰克·M.巴尔金(Jack M. Balkin)教授早指出的那样,此两种理论在特定条件下是可以相容的。❶ 巴尔金的研究认为,实际上"与时俱进的宪法"所期望实现的现代自由民权、对国家安全的保障、对环境与国民健康的照料等,都可与宪法框架的原初意涵相融洽。巴尔金提出了一种所谓的"框架式原旨主义"(framework originalism),试图将进步主义范式的观察维度与宪法的原旨意涵相结合,鼓励人民都参与到解释宪

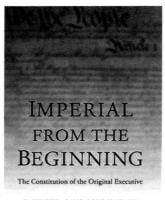

Saikrishna Bangalore Prakash, *Imperial From the Beginning: The Constitution of the Original Executive*, Yale University Press, 2015

---

❶ Jack M. Balkin, Living Originalism, Harvard University Press, 2014;亦可参阅 Balkin, Jack M., "Framework Originalism and the Living Constitution", Northwestern University Law Review, Vol. 103: 549 (2009)。

法的进程中来。巴尔金将宪法的原初意涵区分为规矩（Rules），标准（standards）和原则（principles）这三种范畴，并认为，规矩是定死的，但标准是灵活的，而原则原理则是抽象的，因此后来者需要不断进行宪法意义的建构（constitutional construction）。归结起来，巴尔金认为，若欲谈所谓宪法文本的原初意涵，则必须要关注原初制度设计时所期望达到的实施效果（original expected applications）。巴尔金所讲的这一番学理，似乎布拉卡什也并没有给予足够重视和分析。

此外，正如芝加哥大学法学院埃里克·波斯纳（Eric Posner）教授所指出的那样，在现行美国宪制体制框架下，其实是民主党人，而非共和党人，会更得益于一个强势的总统执政，而若主导性的权力从总统职位转移到美国国会手中，整个国家的政策就势必会逐渐地向右转，也就是偏于更保守。❶ 这样的看法，和波斯纳几年前所著书中之持论相同，波斯纳认为在当代美国社会，一个强大总统制的出现是不可避免的，当前世界的极端复杂性必然会造成权力的集中，特别是集中到白宫，麦迪逊主义式的宪制秩序必然要成为历史的陈迹。❷ 如果波斯纳教授的判断和分析无误，那么布拉卡什教授所建议的改进方案就明显存在盲区。

不过有一点，此书作者布拉卡什教授说的应该是相当准确的，即美国最初制宪时，总统的确是一个被赋予很大能量的政治职位，但与此同时，若严格依据美国宪法的原初文本，则美国总

---

❶ See https://www.nytimes.com/2021/01/21/opinion/joe-biden-executive-power.html.

❷ See Eric A. Posner, Adrian Vermeule, The Executive Unbound: After the Madisonian Republic, Oxford University Press, 2011.

统并无太多明确的权力,可以去单方面决策修宪,或单方面决策对国会已通过法案(congressional statute)的改动❶;整个行政部门在宪法修订方面影响力都极其有限,而在一般成文法方面影响力虽稍大些,亦实面临明确、不可逾越之界限。美国总统的权柄极大,能量极强,但本质上亦属于有限权力,即应当受控(energetic and formidable, but also limited and checked)。❷ 美国宪法第2条所讲的总统和行政部门权力,核心绝非欲使总统可任意改写既成法案。正如布拉卡什反复费心强调的那样,若严格按照美国宪法原初文本,则总统需仰赖于美国国会以决定其总统所行使权力的性质和有效程度(nature and efficacy)。比如说在预算方面总统明显受制于来自国会方面的赋予,在军事力量的批准建制方面,国会亦享有宪法明定之授权,更不必说国会有宪法明定之权在行政部门内设立一系列官僚管治型办公机构,从人事上去充斥行政部门。布拉卡什曾非常形象地将今日之美国总统比作万能的瑞士军刀,无论什么事都要去做一做,但实际上美国早期制宪者的本意绝不乐见总统变成可以颐指气使、为所欲为修订和型塑法律秩序的人(lordly law shapers),也不乐见总统变成可单方面策动对外国宣战的人。❸

从这一方面讲,斯坦福大学法学院迈克尔·M.麦康奈尔

---

❶ 否决权问题不在此列。

❷ 关于此点,亦可参阅李海默:《特朗普说美国总统想干吗就干吗,假如汉密尔顿复生会怎么看?》,载澎湃新闻·思想市场(https://www.thepaper.cn/newsDetail_forward_8055398),访问日期:2020年7月8日;亦可参阅李海默:《杰弗逊眼中的总统权力》,载澎湃新闻·私家历史(https://www.thepaper.cn/newsDetail_forward_1476941),访问日期:2016年7月18日。

❸ See Saikrishna Prakash, "A Pandemic Power of the Presidency", at https://thehill.com/opinion/white-house/494485-a-pandemic-power-of-the-presidency.

(Michael W. McConnell)教授2020年上市的作品《不会成为国王的总统》(*The President Who Would Not Be King: Executive Power under the Constitution*)倒正是和布拉卡什的此书遥相呼应。麦康奈尔通过研究指出,美国宪法最初的草创者们所希望的是能一方面避免复制出一个君主式的总统,但另一方面又给予总统以充分能量,使其进行有效治理与管治,亦使行政部门得以充分独立。这些草创者们充分参考了当时英王手中的权力,对其权力清单进行了若干削除,再移植于美国总统职位,以希求美国总统不至于沦为暴君。麦康奈尔亦指出,今日讨论美国权力分立与制衡机制,首先要清晰区分的便是受到美国国会管控的总统权力(powers that are subject to congressional control),与总

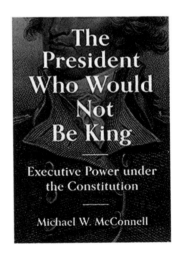

Michael W. McConnell, *The President Who Would Not Be King: Executive Power under the Constitution*, Princeton University Press, 2020

统可完全独自行使的总统权力(powers that the president has full discretion),这二者间的区隔与相异之处。此外,美国法学学者、罗格斯大学教授卡洛斯·A.鲍尔(Carlos A. Ball)于2021年出版的新著《原则攸关:美国宪法,进步主义者与特朗普时代》(Principles Matter: The Constitution, Progressives, and the Trump Era)也与布拉卡什的论点遥相呼应。在该书中鲍尔教授明确指出,左翼的人士不应当在特朗普时期调用一切诸如联邦主义、权力分立、言论自由等原则来抨击特朗普,却同时对于继任的民主党政府弃用一切此类原则,轻松放过。正确的做法当是一以贯之,无论坐在白宫里的人具体是谁。亦唯此,方能真正有效保护自治传统,民主价值以及少数群体。鲍尔教授认为,在最近的美国政

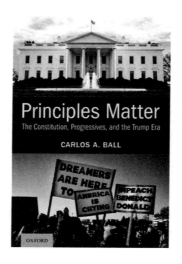

Carlos A. Ball, *Principles Matter:
The Constitution, Progressives, and the Trump Era* ,
Oxford University Press, 2021

治情势中,诸如联邦主义这些原则向来不为偏左翼的进步主义派人士所喜,他们时而对这些原则有所批评,时而对这些原则刻意忽略,但到了特朗普执政之后,他们发现这些原则其实非常有利于他们去利用以展开对特氏政权的攻击,就和他们所素喜(及素来强调)的平等主义、个人隐私原则和基本权利原则等一样好用。而在如今的拜登时代,若进步主义者们继续强调诸如联邦主义一类原则,似乎表面上会直接限制住他们(和拜登的)短期政治目标与愿景的尽速实现,因此进步主义者们可能会倾向于暂时弃置这些原则。但在鲍尔教授看来,那么做不仅会是短视的,而且在道义理论上也是错误的。依鲍尔教授之见,诸如联邦主义一类原则不仅本质上是"善"的,而且在实际的长时段考量范围上将有助于进步主义者们实现其长远政治愿景。

法律经济分析的新维度
——《法律与宏观经济学》读后

于楚涵[*]

法律经济分析(Economic Analysis of Law),亦称法经济学(Economics of Law),是一门发端于20世纪50—60年代的法学与经济学的交叉学科。在半个多世纪的发展中,包括罗纳德·科斯、理查德·A.波斯纳、加里·贝克尔、罗伯特·考特等在内的众多学者运用多元的经济学理论与分析方法,对法律问题进行了深入阐释。总体而言,这些观点都旨在从经济学视角出发,分析法律对于特定行为者的激励问题,这是一种法律与微观经济学相结合的范畴。

然而,耶鲁大学法学院教授、经济学家耶尔·李斯托金(Yair Listokin)所撰写的《法律与宏观经济学》(*Law and Macroeconomics: Legal Remedies to Recessions*)一书对现有范式进行了挑战与发展,创造性地引入了宏观经济学的思维,将视角由特定经济单位转向整个国民经济,提出了运用法律刺激总需求,从而帮助应对经济危机的观点,为我们提供了基于宏观经济视角研究法律问题的新维度。

---

[*] 北京大学法学院经济法专业硕士研究生。

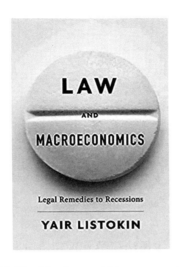

Yair Listokin, *Law and Macroeconomics:*
Legal Remedies to Recessions,
Harvard University Press Publication, 2019

值得注意的是,作为一种全新的研究维度,李斯托金笔下的法律宏观经济分析尚不具备系统性。例如,在理论层面,其并未充分论证将法律视作宏观经济工具对于效率、平等、正义等固有价值的影响是否真正合理,而是采取了一种"特事特办"的模糊态度;在实践层面,要求行政机关、司法机关根据宏观经济情况实施不同的政策、区别对待法律规定的做法的合理性与可行性也令人疑问。尽管如此,李斯托金仍旧为法经济学及经济法学提供了一个具有价值的研究方向,留待学者们在日益丰富的讨论中推动其走向成熟。

本文旨在解读李斯托金的论证逻辑,并尝试发掘其中的漏洞与缺陷,探索现有研究应予完善之处。为便于与读者形成有效对话,本文将书中内容整合为"是什么—为什么—怎么办"的基本结构,并采"夹叙夹议"的研究方式,在简要提炼作者观点的基础上展开评述。

据此,本文首先对法律的宏观经济分析进行概述,说明其内涵、特征及与过往研究思路的区别(是什么),梳理并评价传统宏观经济工具在经济衰退中的失灵情况,这是思考将法律作为一种宏观经济工具的前提(为什么),进而探索扩张性法律政策在危机中的作用及法律的宏观经济分析的使用限度(怎么办),最后对这一全新的法学研究维度的未来发展作出展望。

一、何谓法律的宏观经济分析?

微观经济学研究家庭和企业如何作出决策,以及它们如何在市场上进行交易,是关于组成经济的基本单位的经济学理论;宏观经济学则关注整体经济现象,包括通货膨胀、失业和经济增长等,以由单个经济单位组成的国民经济作为研究对象。❶ 由此,依赖于微观经济学的传统法律经济分析旨在探寻制度或法律约束对于个体间经济关系的影响,即其认为一切法律规则都会给当事人或行为者带来成本和收益,故可以运用经济学理论解析、评判法律及司法行为。❷ 李斯托金所引入的法律的宏观经济分析则着眼于法律与国民经济总需求与总供给的变量间的

---

❶ 参见〔美〕曼昆:《经济学原理(第7版):微观经济学分册》,梁小民、梁砾译,北京大学出版社2015年版,第30页。
❷ 参见张军:《译者的话》,载〔美〕罗伯特·考特、〔美〕托马斯·尤伦:《法和经济学》,张军等译,上海三联书店1991年版,第2页。

相互影响,超越了法律在个体间经济关系以及单一市场中有效性的判断,强调法律影响的普遍性。❶

然而,上述概念界定仍旧具有一定的抽象性,为进一步理解法律的宏观经济分析的内涵,有必要增加两个层面的讨论:一则微观经济学与宏观经济学同为主流经济学的组成部分,为何在过往研究中,宏观经济学未能成为法律经济分析的基础理论?二则当前存在何种契机,使得李斯托金的研究得以挑战传统理论,为我们提供研究的新视角?

就前者而言,一方面,从宏观经济学自身出发,以凯恩斯主义为基础的宏观经济学将法律义务的僵化视作流动性约束的根源之一,即其认为市场中有效需求的下降在很大程度上取决于无法改变或进行谈判的既定法律义务,因此只能依靠政府通过货币政策和财政政策注入流动性以解决问题。❷ 另一方面,就宏观经济学的实际应用而言,自 20 世纪 80 年代至 2007 年,资本主义经济进入"大缓和"时期,西方经济体大多避免了高失业率和高通胀率的双重危险,降低了宏观经济相对于微观经济的风险,无疑更加鼓励了法律的微观经济分析的发展。此外,作为 20 世纪 70 年代"大通胀"之初步控制的《经济稳定法案》(Economic Stabilization Act)所提供的价格控制的失败,也一定程度上抑制了法律在宏观经济中的应用。❸

至于后者,正因李斯托金走出了上述理论与现实困境,才真

---

❶ See Yair Listokin, "Law and Macro: What Took So Long?", *Law and Contemporary Problems,* Vol. 83: 141 (2020).

❷ See Bruno Meyerhof Salama, "Law and Macroeconomics as Mainstream", *University of Toronto Law Journal,* Vol. 71: 274 (2021).

❸ See Yair Listokin, "Law and Macro: What Took So Long?", *Law and Contemporary Problems,* Vol. 83: 141 (2020).

正推动了法律与宏观经济学的初步结合。与传统宏观经济学的观点不同,李斯托金选择从根源上解决问题,即采取具有灵活性的法律政策,替代那些导致需求动摇的既定法律义务,以实现刺激总需求的目标。❶ 此外,2008年全球经济危机爆发,在刺激总需求方面,货币政策的无能为力以及财政政策的休眠状态在为经济、社会带来巨大痛苦的同时,也引发了人们的思考——"我们是否已为下一次经济衰退做好准备?"(第3页)在此背景下,在货币、财政政策之外探索新的宏观经济工具成为当今时代值得关注的重要命题,从而促进了法律与宏观经济学的结合。

可见,法律的宏观经济分析体现了对传统的法律经济分析与宏观经济学的双重超越。然而,由于诞生于特定时代背景,其适用范围也受到了一定的限制,仅旨在处理经济衰退中的总需求刺激问题。也正因此,作者在一篇文章中指出法律的宏观经济分析着眼于"病态经济",法律的微观经济分析则更为关注"健康经济"。❷ 基于此,《法律与宏观经济学》一书所探讨的法律的宏观经济分析的内涵便得到了进一步明确:在经济衰退这一宏观经济形势下,法律可以替代财政、货币政策而成为一种全新的宏观经济工具,刺激疲软的总需求,从而拯救低迷的经济。为完整构建这一理论体系,有必要进一步明确三大核心问题:第一,法律与传统宏观经济工具间存在何种联系与区别;第二,法律作用于宏观经济的原理为何;第三,何种法律规则设计有助于

---

❶ See Bruno Meyerhof Salama, "Law and Macroeconomics as Mainstream", *University of Toronto Law Journal*, Vol. 71: 274 (2021).

❷ See Yair Listokin, "The Sickest Patients Need the Most Medicine: A Response to Margalioth and Webber on Law and Macroeconomics: Legal Remedies to Recessions", *Jerusalem Review of Legal Studies*, Vol. 22: 19 (2020).

实现法律与宏观经济的良好互动。相关内容在书中都有所涉猎,后文的讨论将对其展开详细论述。

二、长期衰退中的传统宏观经济工具

服务于需求管理的传统宏观经济工具主要包括财政政策与货币政策两种类型。财政政策指政府通过变动税收结构、税率和支出的方式影响总需求,进而影响就业和国民收入的政策;货币政策则指中央银行通过银行体系变动货币供给量以调节总需求的政策。❶

通常情况下,借助于反周期的作用机制,两大政策均能实现对国民经济的有效稳定。以经济衰退为例,在社会总需求不足时,一方面政府可以实施减税政策,增加市场参与主体的可支配收入,刺激其消费需求,从而实现总需求的增长;也可采取扩大财政支出的方式,增加公共建设等,以促进生产与就业,推动经济的有效恢复。这些措施被称作"扩张性财政政策"。另一方面,也可以通过央行实施"扩张性货币政策",通过加大货币供给、降低银行利率等方式,刺激私人消费与企业投资,以此实现提高总需求的目的。

然而,在《法律与宏观经济学》一书中,李斯托金所讨论的情形却并非普通的经济衰退,而是一种破坏力达至 2008 年金融危机引发的大衰退(Great Recession)程度的长期经济衰退(Prolonged Recessions)现象。在大衰退中,资本主义国家付出了巨大的经济和社会代价。以美国为例,危机后多年其经济增长率

---

❶ 参见高鸿业主编:《西方经济学(宏观部分·第 7 版)》,中国人民大学出版社 2018 年版,第 496—497 页。

持续低下,预计产出与实际产出间的距离逐年拉大。2013年达拉斯联邦储备银行的一项研究显示,美国实际产出相对于预计产出的累积损失可达6万亿—30万亿美元。除此之外,经济衰退也使中产阶级面临跌入底层的危机,从而刺激了民粹主义的发展,并给全球自由秩序带来了巨大挑战。(第70—73页)

上述危机后果的存在,也间接反映出财政政策、货币政策在应对后危机时代总需求持续不足问题上的失败。究其原因,在于长期衰退具有高度区别于一般经济衰退的特殊性,李斯托金将其提炼为"流动性陷阱"(Liquidity Trap)与"零利率下限"(Zero Lower Bound)。

早在1936年,凯恩斯便提出了流动性陷阱的问题,他指出当利率已经降低到某种水平时,几乎每个人都宁可持有现款,也不愿持有债券,因为债券所能得到的利率太低,还存在着价格下跌的风险。此时,货币当局便会失去对于利率的有效控制。❶该利率水平便是名义利率,即实际利率与借贷期间物价水平变动率之和为零的情况。❷ 有经济学家甚至指出流动性陷阱就是名义利率基本为零的现象。❸ 由于利率在协调货币市场之外,还具有平衡储蓄市场的功能,其便不能容许名义利率为负值的情况——当贷款利率远低于零时,持有现金更为方便,其不仅流动性强,而且利率也更高,从而导致人们更愿意直接储存现金而非放贷。这显然有悖于储蓄市场的正常发展模式,故为诱使

---

❶ 参见〔英〕约翰·梅纳德·凯恩斯:《就业、利息和货币通论》(重译本),高鸿业译,商务印书馆1999年版,第213页。

❷ 计算公式为:名义利率≈实际利率+通货膨胀率(可能为负值)。

❸ See Paul R. Krugman et al., "It's Baaack: Japan's Slump and the Return of the Liquidity Trap", *Brookings Papers on Economic Activity*, 1998 (2): 137.

储户放贷而非存钱,促进市场中的资金流动,利率必须至少为零货币回报率,这就是所谓的"零利率下限"。(第75页)

在流动性陷阱之下,常规货币政策首先失去功效——当名义利率为零时,受"零利率下限"约束,央行无法通过降息的方式刺激总需求。与此同时,财政政策也因受制于政治和体制问题同样陷入困境。从理论上讲,政府扩大财政支出的措施能够有效刺激总需求,实现对于经济的挽救。然而,相关措施却难以得到真正落实。不仅财政收支平衡的宪法目标对政府长期超额开支施加了赤字限制,经济衰退之下也可能存在政治瘫痪的现象,即行政和立法机关分由不同政党掌控,从而阻碍了财政政策的具体施行。此外,财政刺激也要求政府以合理利率举债,但是衰退之下经济情况极其糟糕的政府却可能被禁止进入公共债务市场。(第95—99页)

在传统财政、货币政策失灵的语境下,便需要进一步寻找替代性手段。在理论与实践层面获得较多关注的是非常规货币政策,包括提高通货膨胀目标、量化宽松、负利率及直升机撒钱等。李斯托金认为这些措施不仅效果有限,而且风险较大,需要谨慎适用。

首先,就提高通货膨胀目标而言,由于实际利率等于名义利率与通货膨胀率之差,当名义利率为零时,提高通货膨胀率,便会压低实际利率,从而发挥刺激总需求的作用。该方法虽具有一定功效,却会损害央行及货币本身的信誉。其次,量化宽松指央行通过大量购买中长期债券的方式,向市场注入大量流动性资金,以此刺激消费需求的措施。这是一剂救市"猛药",但可能引发恶性通货膨胀、货币长期贬值等问题。再次,负利率通过向银行存款收取管理费用的方式实现,此时储户不仅因零利率而无法获得利息,反而还需额外支出费用,这无疑有助于降低储户存款热情,增加货币的流动性。不过,该措施仅在理论上具有一定的可行性,其实际效果尚待明确。最后,直升机撒钱是一种最为极端的政策,央行通过大量印制货币的方式,为扩张性财政政策提供资金来源,以此增加经济主体手中的流动资金,实现对于消费需求的刺激。由于该措施存在恶性通货膨胀的巨大风险,经济学家和政策制定者向来对其保持警惕。(第82—88页)

据此,在李斯托金的论证体系中,当经济体出现流动性陷阱时,财政政策与货币政策都存在失灵情况。此外,得到广泛关注的一系列非常规货币政策也只是部分有效,还可能为市场带来巨大风险。在此背景下,便需要重新审视现有宏观经济工具,并寻找全新的替代性措施。可行的思路之一便是开发能够显著刺激需求的新的宏观经济政策工具,即引入法律与宏观经济学的思维方式。(第100页)

毫无疑问,李斯托金的论证逻辑是较为清晰且完整的,其巧妙地构建起"流动性陷阱—传统宏观经济工具失灵—寻找新宏观经济工具"的思维链条,既成功引入了法律与宏观经济学这一重要命题,也明确了其与传统宏观经济工具间的关联。然而,深入到其论证的具体内容上,可以发现其中仍有许多值得商榷的细节性问题。例如,财政政策本身也是法律的组成部分,其同法律与宏观经济学之间是否具有更为密切的关联?换言之,二者是相互独立,抑或存在交叉?再如,任何一种宏观经济工具都兼有优劣,法律也是如此。那么,法律与非常规货币政策同为传统工具的替代性措施,是否前者的风险就必然低于后者?作者并未进行详细比较分析,而是默认法律更为优越,显然存在逻辑缺陷。

三、第三种宏观经济工具：扩张性法律政策

延续李斯托金的思路，基于法律与宏观经济学相结合的逻辑提出的全新的宏观经济工具即为法律，其将政府利用法律法规刺激疲软的总需求的行为称作"扩张性法律政策"。（第130页）在书中，李斯托金并未对扩张性法律政策进行纯理论分析，而是以 Keystone 管道案为切入点展开论述，并对扩张性法律政策进行了详细说明与评价。

（一）危机中的扩张性法律政策

2005年，Trans Canada 公司拟修建一条从加拿大西部延伸至美国墨西哥湾的 Keystone 石油管道，由于管道横跨美加边境，需要获得美国国务院的批准。该公司于2008年正式向美国国务院提交申请。美国方面就管道建设是否符合国家利益进行了论证，主要关注其在经济、环境、国家安全和外交政策方面的影响，然而相关问题始终备受争议。直到2015年，奥巴马政府才最终否决了这项提案。但在2017年，特朗普政府重新审议该问题，并促成了国务院对于管道的批准。（第130页）该案时间跨度较大，覆盖大衰退的全过程，李斯托金以之作为讨论的切入点，能够充分反映出在特定的长期衰退时期适用扩张性法律的重要性及必要性。

Keystone 管道案所引发的巨大且持续的争议来自于其背后法律和监管体系目标的权衡，这是一个艰难的"成本—收益分析"（Cost-Benefit Analysis）问题。在传统法经济学的视角下，修建管道带来的收益主要为生产者与消费者从石油价格降低中获

取的福利以及美加两国外交关系的增进等;成本则包括管道的建设成本、额外碳排放对环境造成的影响以及减少和清理石油泄漏的费用。受制于微观经济思维,传统的本益分析忽视了管道建设对于就业机会的创造和对劳动力市场的影响。(第131页)据此,决策者并未将宏观经济因素纳入管道修建与否的考量,忽略了其所能带来的大量就业机会的重要作用,可能错失了及时拯救长期衰退的关键机会。

据估计,批准 Keystone 管道将直接或间接地创造大量就业岗位,其对于总需求的刺激相当于大衰退中美国推行的财政政策效果的5%。(第132页)值得注意的是,尽管 Keystone 管道具有积极的宏观经济效果,这也并不意味着其必须被批准——这只是本益分析中"收益"的一部分,其仍需与成本进行一系列权衡方可最终确定。在此过程中,宏观因素的权重具有因时而变的特征。在利率高于零时,传统的宏观经济工具能够有效发挥作用,实现资源的合理配置,此时便无需法律担当替代性工具,宏观因素可以不被视作批准管道等法律政策制定的考虑因素;但当出现"零利率下限"时,财政政策、货币政策存在失灵现象,此时便有必要衡量将相关法律法规建构为"扩张性法律政策"的宏观经济影响。这些影响既包括对于就业岗位的创造,也包括其所带来的对于总需求方面的外部性作用,即项目的受雇员工也可以因找到了工作而提升自己的购买力,带来对于总需求的刺激。李斯托金强调,这种外部性将在"零利率下限"时达到极值,(第134页)因为此时可以最大限度释放为不足的总需求所压制的产出,使其努力向潜在产量靠拢。

根据李斯托金的思路,Keystone 管道案的两次处理结果可能都是错误的。奥巴马政府在经济衰退时延迟并最终拒绝了提案,特朗普政府则在经济繁荣时批准了提案,二者的做法都与宏观经济形势相违背,体现出缺少法律的宏观经济分析思维的弊端。这也再次说明了仅从微观经济出发进行的传统"成本—收益分析"并不充分,补充引入宏观经济视角具有必要性。

尽管《法律与宏观经济学》一书并未赋予扩张性法律政策明确的理论界定,但从李斯托金对于 Keystone 管道案的分析中仍可梳理出其内涵与特征——扩张性法律政策仅适用于存在"零利率下限"的危机情形,指在长期衰退的经济形势下,决策者应在法律制定的"成本—收益分析"中补充考虑宏观经济因素,推动有助于刺激总需求的法律的出台。值得注意的是,此处的"法律"采广义概念,立法、司法、行政机关都可能担任扩张性法律政策的制定及实施主体。

(二)扩张性法律政策的优与劣

李斯托金在对以微观经济学为基础的传统"成本—收益分析"进行评价时指出:"这些收益很难量化,但本益分析却要求对其进行量化。"(第131页)然而,在此基础上增加宏观经济学的视角,不仅没有解决上述问题,反而使其更加复杂化。一方面,尽管就业机会的增加较为明确,但其所带来的总需求的变化以及对于宏观经济的影响却难以量化;另一方面,微观与宏观经济学具有不同的立场与目标,二者之间的权衡也缺乏统一标准。显然,扩张性法律政策的适用也并不是完美的,其兼有优劣,既具有挽救经济长期衰退的潜力,也存在一定风险。李斯托金也充分认识到了这一点,在强调扩张性法律政策的优越性的同时,也对其局限性进行了分析。

就优越性而言,扩张性法律政策的最大优势即为其能够在财政、货币政策失灵的情况下实现对于总需求的有效刺激。除此之外,同为传统宏观经济工具的替代品,扩张性法律政策也有效地避免了非常规货币政策的弊端。不同于后者直接从经济本身着手,通过调整实际利率、货币供应量等手段刺激总需求的激进思路,前者的措施往往更为间接、温和。其借助法律手段,通过不同主体间权利义务的重新配置,盘活市场中的闲置资源,以此增加就业机会及居民收入,实现对于总需求的有效刺激。

针对局限性问题,则可从制度成本及体制缺陷两方面出发进行讨论。制度成本指在决策者考虑法律法规的宏观经济效应时,将不可避免地对其他法律目标造成减损,主要包括微观经济效率、正义和平等。(第139页)首先,微观经济效率主要为卡尔多—希克斯效率(Kaldor-Hicks Principle),其关注法律规范的变革对于社会总福利的影响。由于微观经济效率并不依赖于宏观经济环境,一项在正常时期微观效率低下的政策,在经济长期衰退的背景下同样低效。显然,出于拯救宏观经济目的而实施该政策必将损害微观经济效率。对此,作者以1929—1933年大萧条为例,指出在经济长期衰退的背景下,反垄断限制都可被牺牲,那么微观经济效率的减损当然也是可以忍受的。其次,诸如保护环境等正义或道义目标是无法量化的,既然如此,便无法将之与宏观经济效益相比较。李斯托金则指出这些问题在微观经济分析中已然存在,且即便不进行量化,正义与宏观因素的比较也具有必然性,量化反而能够使二者的比较进一步明确。最后,法律的宏观经济分析要求关注政策制定的特殊经济环境,根据经济需要作出不同的决定,这可能导致不同时期"同案不同判"的不公正结果。例如Keystone管道在大衰退时期可能被批准,在繁荣时期则更可能被拒绝。李斯托金否定了这种观点,认

为这些政策仅仅看上去相同,但因其在不同时期具有不同的成本与收益,因此根本不属于"同案"。(第139—143页)

事实上,李斯托金对于上述问题的回应具有较强的模糊性,并未从根本上击破其反对意见。在效率方面,其带有一种强烈的"特事特办"心态,理所当然地认为解决长期衰退属于一项其他利益都应为之让路的最高利益;在正义方面,其以微观经济学同样存在量化困难为借口,为宏观经济学的引入开脱,显然是对问题的回避;在平等方面,问题的核心在于法律的宏观经济分析无法保证"结果平等",李斯托金却从不同宏观经济形势下决策过程中需要考虑的因素不同出发予以回应,最终也未解决"同案"在不同时期为相同主体带来不同利益安排的问题。李斯托金也意识到其逻辑缺陷,尝试对其论证进行补强。他指出,在"零利率下限"时,可能没有除扩张性法律政策以外的更好选择,要么忍受其对其他政策目标的损害,要么承担经济长期衰退带来的一系列经济、社会及政治后果。因此,在艰难时期,不完美的政策也是可以忍受的。(第133—134页)这一观点也再次证实了扩张性法律政策的风险,其适用必将减损其他重要价值,制度成本较高,是特殊时期不得已而为之的选择。

除制度成本外,一系列体制缺陷也阻碍了扩张性法律政策的适用,主要包括决策机关缺乏宏观经济学的专业知识;扩张性法律政策会增加法律的不确定性;法律政策往往具有滞后性,难以及时回应长期衰退的需要;考量宏观经济因素会扩大决策机关的自由裁量空间,容易带来政治机会主义的风险;由立法机关以外的决策者基于宏观经济目标实施扩张性法律政策可能损害民主合法性;不同决策机构同时实施扩张性政策,可能带来总需求的过度增长,因此需要进一步考虑机构之间的协调问题等。

(第144—154页)上述部分问题的解决较为容易,例如可以通过加强宏观经济学的培训、引入相关专业人才等方式弥补专业性的缺陷;借助央行宏观经济监测数据指示政策的适用时机;制定专门性规则明确不同机构适用政策的优先级与权限,以解决机构协调问题等。据此,较为棘手且关键的问题主要为政策对于法律的不确定性、民主合法性以及自由裁量空间方面的影响。在妥善解决上述问题前,贸然引入扩张性法律政策势必动摇民众对于法律的信心,具有引发政治危机的严重风险。

综上所述,尽管扩张性法律政策有助于挽救长期衰退的宏观经济,但其也具有一系列难以量化,甚至无法预估的制度风险。这意味着有必要对其保持审慎态度,在充分权衡利弊的基础上方可适用。

四、保持节制的法律宏观经济分析

作为一种全新的宏观经济工具,扩张性法律政策一方面具有刺激总需求的巨大功效,另一方面也存在诸多留待解决的制度缺陷,其"成本—收益"间关系值得进一步探究。这意味着有必要以谨慎的态度对待法律的宏观经济分析这一新生领域,既肯定并鼓励相关研究的开展,也要限制其在实践中的具体应用,尽可能选择最有助于"趋利避害"的时机与领域加以运用。在此基础上,李斯托金建构了三种可能的制度设计,作为扩张性法律政策的范本,为研究与实践提供参照。

(一)应予受限的适用范围

李斯托金对法律政策引入宏观经济学思维之时机进行了较

为深入的论述,最终得出五点结论,指出法律的宏观经济分析可能适用于存在"零利率下限"时、经济危机后、财政政策受阻时、监管者依然存在较大自由裁量空间之处、以及货币联盟中的不同步管辖区(Out-of-sync Jurisdictions)。(第154—162页)对上述结论进行梳理,可以发现其实际上从内外双重维度框定了法律的宏观经济分析的适用范围:一方面,结合宏观经济状况划定外部边界,这是激活宏观经济思维的基础和前提;另一方面,从法律自身出发,限制可以用于刺激总需求的法律政策之类型,以此划定其适用的内部边界。

在外部边界层面,"零利率下限"是李斯托金讨论扩张性法律政策的主要背景,但其仅构成政策适用的一种典型情况,还应进一步加以完善。从基本原理上看,扩张性法律政策以其他宏观经济工具的失灵作为适用前提,故可视之为探索外部边界的标准。货币政策往往在金融危机及其引发的长期衰退中失灵,尽管大部分金融危机都与"零利率下限"相伴而行,但在现实中也存在例外。为了应对此类情形,有必要将外部边界扩张至"金融危机发生后"。此外,在美国、欧盟以及其他采取钉住汇率的国家、地区,货币汇率由联盟央行或维持参考货币的国家央行决定,内部辖区不具有控制汇率的能力,无法实施货币政策,这也向扩张性法律政策提出了要求。值得注意的是,由于财政政策的失灵主要来源于制度限制,并不完全同宏观经济情况挂钩,故上述货币政策失灵的情况并不必然伴随财政政策的危机。因此,有必要以"财政政策失灵"限制外部边界的扩张,确保扩张性法律政策发挥替代性功能。(第154—162页)

就内部边界而言,李斯托金将其限制于监管者存在较大自由裁量空间的领域,要求其仅在执行较为模糊的"标准"(standard)而非明确具体的"规则"(rules)时,才可将宏观经济因素纳入考量范畴。(第159页)这无疑有助于缓和扩张性法律政策对于法律确定性的破坏,并降低其因增加监管者自由裁量空间而可能引发的政治机会主义风险,也一定程度上保障了政策的民主合法性。

总体而言,李斯托金对于法律的宏观经济分析适用范围的讨论是较为充分且完整的,不仅尽可能将需要法律发挥刺激总需求功能的情况涵盖其中,也尝试排除了制度风险较大的情形。这种内外双重边界的严格限制也再次说明虽然法律可以作为宏观经济政策的重要工具,但高昂的制度成本及缺陷也向其提出了保持节制的要求。(第162页)

(二)三种可能的制度设计

李斯托金指出,几乎所有的法律或监管措施都可以被修改以用于刺激(或抑制)总需求。(第175页)在此,其主要提供了三种可能的制度选择,说明当传统宏观经济工具失灵时,扩张性法律政策如何发挥功效,带来有意义的经济刺激。

1. 逆周期公用事业监管政策

公用事业主要提供水、电力、天然气、公共交通等产品和服务,体现出规模经济的效益,具有"自然垄断"的基本属性。该模式有助于实现企业与消费者之间的双赢:一方面,企业获得了地方垄断的保障以及稳定的资本回报;另一方面,消费者从政府对于企业价格的监管中获利,以适宜的价格享受优质的公共产品和服务。(第176页)显然,用以平衡二者间利益的核心机制即为"价格",或称"公用事业费率"(Utility-Rate),其由政府进行调控,依据企业投入的运营成本及合理回报确定。

由于公用事业的定价需首先填平企业付出的成本,这便引发了一种与正常供求价格机制相反的费率变动规律。在经济衰退时期,尽管市场对于公共产品的需求有所下降,其价格却因需要弥补成本而不降反升。此时,消费者会对价格变动作出反应,进一步缩减其需求。不过,考虑到公共产品往往属于生活必需品,这种需求缩减的幅度相对较小,意味着消费者并不具备充分回避此类价格上涨的能力,使得这种价格变动具有了与"增税"相似的属性。(第177页)

这种税收属性也揭示了公用事业费率调控总需求的功能。据此,李斯托金强调可以建立一种对经济周期敏感的公用事业费率监管机制。这要求监管机构在调整费率时,应关注其所处的宏观经济环境,在经济衰退时,调低费率,以此增加消费者的可支配收入;在经济繁荣时,调高费率,弥补企业在衰退时的成本及利润损失。(第178—180页)

值得注意的是,作者之所以选择在经济衰退时牺牲企业利益,主要出于两点考虑:一则公用事业投资者可以通过借贷、出售股票等多种手段抵消其在经济衰退中减少的可支配收入,而非降低生活必需品的消费需求,这意味着较之普通消费者,投资者的需求水平更为稳定,受刺激手段的影响较小;(第179页)二则在消费者中占据多数的低收入家庭具有更高的边际消费倾向,对其进行刺激将产生极为显著的效果,更有助于经济的及时恢复。(第180页)据此,在经济衰退时降低公用事业费率虽然一定程度上减少了企业的可支配收入,却不会过度影响其消费需求,还会大幅提高消费者的消费需求,以此带来总需求的扩张,无疑具有较高的合理性。

除此之外,若将视角从经济衰退这一具体时间段扩展至整个经济周期,便可发现企业的可支配收入基本保持了平衡——衰退时期减损的收入可为繁荣时期增长的费率所填补。据此,监管机构运用行政手段调整公用事业费率的措施既可有效实现总需求的增长,也基本保持了消费者与企业间的利益平衡,总体上满足了微观经济效率、正义与平等价值。

2. 调整债法规则的运用方式

李斯托金认为既然扩张性法律政策旨在刺激总需求,便应首先明确总需求下降的原因。(第182页)研究表明,债务是其根源之一,即债务人的可支配收入为资产价值与债务的差额,由于经济衰退常以资产价值的下降为前奏,债务的存在便进一步压缩了债务人的收入,使其较之无负债者对资产价值的变动更为敏感。此时,由个体转向整体,在一个债务水平很高的经济体中,资产价值下跌必将导致总需求的急剧减少,进而引发严重的经济危机。是以,李斯托金强调运用法律措施缓和这些减少总需求的债务或许是解决问题的可行之策。(第182—186页)

破产法是调整债权债务人财富分配及支出能力的核心规则,考虑到债务对于总需求的抑制作用,加之敏感的债务人通常具有更高的边际消费倾向,在经济衰退时期,若法院依据破产法作出更有利于债务人的判决,或许可以有效拯救疲软的宏观经济。据此,李斯托金提出了三点建议:第一,免除学生贷款。法院在学生贷款问题上具有较高的自由裁量权,当其认为学生还款具有不适当的困难(Undue hardship)时,便可裁定贷款是"可免除的"(dischargeable)。在长期衰退中,高薪工作机会较少,学生还款能力相对较弱,法院可据此行使自由裁量权,免除学生贷款,从而实现刺激总需求的宏观经济目标。(第187—188页)第二,增加个人破产免责制度的适用。破产法官具有确认或拒绝个人提出的破产申请的权力,这意味着其可以在经济衰退中充分行使这项权力,通过确认更多的破产申请以免除个人债务并提高总需求。(第188—189页)第三,在企业破产中更多地适用重整而非清算。破产法官在确认将重整转为清算是否符合债权人最佳利益的问题上也具有一定的裁量权,考虑到企业持续经营有助于保留更多的就业机会,从而维持有效的消费需求,可以建议法官在长期衰退中尽可能作出保留重整的判决,实现对于宏观经济的有效救助。(第189页)

尽管上述举措在理论上具有提高总需求的功效,也属于法官具有一定自由裁量权之处,但其仍旧存在较大缺陷:一方面,就前提而言,债务人可支配收入减少的根源并非存在债务,而是危机前出现的资产价值贬损问题,既然如此,舍弃问题的直接原因而转向债务这一间接原因似乎并不具备充分的合理性;另一方面,在具体内容上,免除学生贷款处理的往往是学生与政府之间的债权债务关系,让具有宏观经济目标的政府承担贷款免除的损失当然无可厚非,但另两种情况涉及的则是私人信贷市场,法官过于偏向债务人不仅会对债权人利益造成巨大损害,也可能引发债务人在长期衰退中利用破产机制"自保"的机会主义风险。据此,依托破产法实施扩张性法律政策的做法具有较大风险,可能并非适宜的选择,应当对其持谨慎态度。

3. 选择刺激总需求的救济手段

法官在实施救济措施上也具有极大的自由裁量空间,通常情况下,其主要依据责任规则(liability-rule)与财产规则(property-rule)实施法律救济。前者要求被告支付损害赔偿金,后者则意味着被告需停止任何导致诉讼的行为。(第192页)

李斯托金指出法官应将宏观经济因素加入选择救济措施的

考量,当存在"零利率下限"及高失业率等情况时,实施更有助于促进支出的法律救济。通常情况下,责任规则可以保证项目或建设的持续进行,发挥其吸纳劳动力就业的作用,以此实现对于总需求的刺激。例外地,责任规则也可能发挥类似效果,李斯托金以 Jacob and Youngs v. Kent 案为例进行了说明。在该案中,开发商 Jacob and Youngs 在为 Kent 建造房屋时,未按合同约定使用雷丁牌管道,Kent 认为该行为存在严重缺陷,要求法院向其提供财产规则的保护,即推倒新建的房屋并用雷丁牌管道进行重建。法院并未支持 Kent 的诉求,而是依据责任规则作出了更有利于开发商的判决。(第192—194页)假如该案发生于长期衰退时期,若在裁判中引入法律与宏观经济学的思维,显然 Kent 基于财产规则的诉求更有助于刺激总需求并挽救宏观经济,更适合被塑造为一项"扩张性法律政策"。

客观上讲,无论基于责任规则还是财产规则施加救济,都能对原告利益进行有效填补,只是填补的方式有所区别。这意味着在法律救济中引入宏观经济思维不仅能够实现刺激总需求的目标,也并未打破原被告间利益的平衡,比起运用破产法规则对债权人一方利益的过度侵蚀,该模式的风险相对较小,更适宜在实践中加以落实。

4. 小结

上述三种模式旨在将行政、司法机关本身具有一定自由裁量空间之处改造为"扩张性法律政策",以有效避免对于法律确定性的侵蚀。在三者中,破产法规则的运用存在过度抑制债权人利益的缺陷,也可能引发债务人机会主义危机,应予保持谨慎;对于公用事业费率及法律救济手段的应用则基本维持了各方主体间利益的平衡协调,更具合理性。

值得注意的是,自由裁量空间的存在并不意味着风险的消弭,如何指引有关部门合理行使自由裁量权本就是值得思考的重要命题,此时再在其中增添"宏观经济"筹码,必将进一步扩张机构的裁量限度,增加机会主义风险。对此,李斯托金在其文章中指出:"法律已经包含了多重维度的自由……最坏的情况是,法律与宏观经济学只是稍微加剧了一个现存的问题。"[1]显然,这是一种"破罐子破摔"的心态,现有问题的存在并不意味着我们可以对其置之不理,甚至任意践踏。因此,若要在实践中推行法律的宏观经济分析,有必要设置专门规则、机构对决策机关自由裁量权的行使予以限制及监督,以此降低扩张性法律政策的负外部效应。

五、余论:法律与宏观经济学的未来展望

李斯托金通过《法律与宏观经济学》一书,将宏观经济思维引入到法经济学的体系之中,开辟了法律经济分析的全新维度。这一新生领域着眼于经济长期衰退背景下的总需求刺激问题,对于具有周期性的资本主义经济而言至关重要,未来必定具有广阔的发展前景。然而,在法律与微观经济学长期占据主导地位的背景下,法律与宏观经济学若要取得突破性进展,还需进行充分的理论与实践准备,既要不断完善自身理论体系,也应补充宏观经济学理论知识,并逐步积累运用法律政策拯救长期衰退的实证经验。

首先,就理论体系的完善而言,李斯托金对于法律与宏观经

---

[1] Yair Listokin, "Law and Macroeconomics: The Law and Economics of Recessions", *Yale Journal on Regulation*, Vol. 34: 791 (2017).

济学的研究并不足够充分,仍旧存在一系列缺陷与不足,虽为我们提供了审视法学与经济学关联的全新视角,却不足以支撑起一个独立的研究领域。这无疑向其提出了不断实现自我发展与完善的要求。具言之,在未来的研究中,有必要进一步界定法律的宏观经济分析、扩张性法律政策的内涵与外延,厘清宏观经济目标与其他法律价值之间的联系与区别,探究扩张性法律政策的相关主体及其利益衡量问题,并对政策运行中的协调机构间关系、保障法律的确定性以及自由裁量权的限制与监督等问题予以明确。如此,便可从本体论、价值论、规范论、运行论层面出发,基本实现法律与宏观经济学的体系建构,推动这一新生领域的进一步成长。

其次,在宏观经济学理论方面,扩张性法律政策的决策者主要为立法者、行政监管者、法官等,考虑到司法在其中发挥的巨大功用,也应将律师视作推行相关政策的重要主体。然而,这些本应在法律与宏观经济学的实践中发挥实际功效的主体可能并不具备宏观经济学的理论知识储备,既无法及时准确识别其所处的经济环境,在面临宏观经济方面的考量时也难以作出精准判断。这向法学院提出了增加宏观经济培训的要求,即在法经济学、经济法学的教学中融入宏观经济思维,以此提高法律人在处理扩张性法律政策上的专业性,为法律与宏观经济学在实践中的落地提供助力。

最后,至于实证经验问题,目前有关经济体运用扩张性法律政策挽救长期衰退的实践案例相对较少,难以为理论研究提供有益经验。不过,由于过去人们并未从法律与宏观经济学的视角出发审视经济衰退中的相关措施,可能忽视了法律在其中发挥的刺激总需求的功用。例如,近期便有学者指出以色列曾在

1985年通过实施紧急稳定计划（The emergency stabilization plan）颁布了重要的《安排法》（Arrange law），拯救了无法为财政政策、货币政策挽救的"失去的十年"（the lost decade，即1973—1985年）。❶ 这也启示学者可以结合法律与宏观经济学这一全新视角，重新观察各经济体挽救经济衰退的举措，从中探寻扩张性法律政策的成功实践，既为相关理论的完善提供充分样本，也为后续研究的展开提供经验借鉴。

总而言之，李斯托金成功构建起法律与宏观经济学的逻辑框架，对长期占据主导地位的法律与微观经济学作出了挑战，并为法律经济分析提供了一个全新的研究方向。尽管目前这一新生领域还有待完善，但其所关注的长期衰退问题，以及提供的扩张性法律政策这一解决措施都具有研究的必要性与理论的前瞻性，这势必推动法律与宏观经济学的进一步成长，一场法律经济分析的革命已然蓄势待发。

---

❶ See Yoram Margalioth, "The Use of Macroeconomic Legislation to Save the Israeli Economy in 1985", *Jerusalem Review of Legal Studies*, Vol. 22: 1 (2020).

大国竞赛

——浅评《枪炮、病菌与钢铁》

陈昭瑾[*]

> 物竞天择,适者生存。
>
> ——严复[❶]

人类起源于非洲,我们有着共同的祖先,但为何世界上不同地区的国家、民族却有如此之大的强弱、贫富差异?为何有的民族发展迅速,引领人类文明,有的民族却被其他民族征服、奴役,乃至落得消亡的结局?生物的进化是一场物竞天择、优胜劣汰的生存竞赛,国家的"进化"又何尝不是呢?人类文明演进是一场弱者挨打的残酷斗争,被迫参与竞赛的我们,只有明白进化优势背后的逻辑,才能使国家实现更快速、更优质的发展,在大国竞赛中成为生存的强者,立于不败之地。

本文第一部分重述了《枪炮、病菌与钢铁:人类社会的命

---

[*] 中国海洋大学法学院本科生。

[❶] 天演论的核心思想是"物竞天择,适者生存"。严复把达尔文优胜劣汰的进化观点运用到社会发展当中,以激发爱国热情,求得生存发展。参见〔英〕托马斯·赫胥黎:《天演论》,杨和强等译,人民日报出版社2007年版,第13—14页。

运》(以下简称《枪炮、病菌与钢铁》)的主要内容,第二部分简要分析戴蒙德的写作亮点和开创性的研究方法,第三部分是笔者对原作几点饱受争议之处的讨论,第四部分是笔者受此书启发,而进行的思考和提出的一些愚见,在第五部分笔者进一步延伸思维,以进化论的视角重新思考生存与竞争的真义。

一、地理环境——进化优势的基础

对于世界上不同地区的各个民族来说,历史的发展进程很不相同。为什么财富和权力的分配会是现在这个样子,而不是某种别的结果?为什么在不同的大陆上人类的发展速度如此不同?这些关于人类历史与文明的深刻问题,难倒了诸多社会学家,却由一位生物学家解答了!

1972年7月,作为一名演化生物学家、生理学家、生物地理学家,贾雷德·戴蒙德在新几内亚研究鸟类进化。散步时,一名叫耶利的原住民追上他,并向他提出一个引人深思的问题:"为什么你们白人制造了那么多的货物并将它运到新几内亚来,而我们黑人却几乎没有属于我们自己的货物呢?"贾雷德·戴蒙德发现这个简单的问题切中要害,它实质上是对当今世界不同民族之间差异化生产生活方式的质疑。这个问题难以回答,因为这些差距是在漫长的人类进化历史中形成的。差距的产生不仅有人们悉知的直接明显的原因❶,而且在这些直接因素背后还

---

❶ 如枪炮与征服战争、农牧业与病菌流行病、钢铁与技术等由地理根因牵系着的直接连接国家强弱地位的直接因素。参见〔美〕贾雷德·戴蒙德:《枪炮、病菌与钢铁:人类社会的命运》,谢延光译,上海译文出版社2006年版。

有更深层、更源头的因素。此后的25年里,贾雷德·戴蒙德研究并撰文解释了关于人类进化、历史和文明等方面的问题,《枪炮、病菌与钢铁》就是他试图对耶利问题作出的回答。

[美]贾雷德·戴蒙德:《枪炮、病菌与钢铁:人类社会的命运》,谢延光译,上海译文出版社2006年版、2016年版(图略)

在前言中,作者引入其他学者对不同地区、不同民族历史发展进程差异的一些观点,包括种族智力差异、气候作用和干燥气候下低地河谷的重要性,并论述因果,举出反例,将其证伪。最后,作者提出自己的看法:欧洲的枪炮、传染病与钢铁工具及工业制品,就是欧洲屠杀和征服其他民族,在国家竞赛中取得强者地位的直接原因。但作者的野心不止于对耶利所提出的问题反映出的欧洲人与黑人的差距提供直接但初级的解释,他更想寻求一种广泛的历史模式,探究枪炮、病菌与钢铁背后的深层原因。

本书分为四个部分。第一部分作为铺垫回溯了人类的起源、部分地区人类社会的史前领先优势的形成、岛屿环境对社会的影响、及以西班牙与印加为典型代表的不同大陆间的民族冲突。在第一部分的结尾作者概括出欧洲殖民者获得成功的直接影响因素：以枪炮、钢铁武器和马匹为基础的军事技术；亚欧大陆的传染性流行病；欧洲航海技术；欧洲国家集中统一的行政组织和文字。经过简略表达，这些近因构成了《枪炮、病菌与钢铁》这一令人耳目一新的书名。

接下来的第二、三部分作为全书核心，是对深层因果关系的讨论及实现前文直接因素与深层原因在因果链条上的连接。第二部分围绕粮食生产展开，作者首先总括性地讲述了粮食生产对于促成欧洲领先局面的意义：农耕的生产方式带来了更多的粮食产出，并使人们形成了定居的生活方式。粮食剩余和更稠密的人口进一步带来社会分化，出现国王、官员、政治组织、提供技术的专门人才和军队。辅以畜牧提供的食物、马和病毒，围绕粮食生产的一系列因素共同造就了欧洲征服美洲的成功。紧接着，作者对比了人类历史上不同地区粮食生产方式的差异，并指出了农耕畜牧相对于狩猎采集的巨大优势。随后作者描述了粮食与动物的驯化过程，解释了为何有些地区无法驯化动植物的问题，分析了地理环境和生物区系对粮食生产的条件限制，以及大陆轴线对粮食传播的影响，回答了关于粮食生产如何在几个中心地区首先出现、不同地区粮食生产的差异如何形成，以及粮食生产怎样以不同速度向其他地区传播等一系列问题。作者的研究论证了这样一个事实：欧亚大陆适合驯化的候补动物多于其他大陆，而这种天赐的环境优势极大地加速了国家的发展，为欧亚国家在大国竞赛中取得强者地位奠定了基础。

作者认为,地理上的差异是导致耶利问题的根本原因,而粮食生产本身并非不同民族最终在权力和富裕方面大相径庭的直接原因。在第三部分中,作者探讨了粮食生产如何催发病毒、文化、文字、技术和集中统一的政府等直接原因的产生。农牧业孕育文明的同时也带来了病菌和流行病的历史。人口的增长、城市的出现,给病菌的大规模传播提供了可能。农业带来了粮食的剩余,剩余带来了分工和阶级分化,又进一步带来了技术、文字和国家政治体制的发展。这些因果链条让我们看到,当今的发达国家在历史上是如何利用各种优势,一步步完成演变与进化,从而取得国家竞赛的优势地位。可以说,文化、制度、技术等都是国家发展过程中起作用的各种内生变量,而在这因果链条的首端是外部的深层因素——地理环境。

第四部分像作者编写的小型"世界简史",分别讲述新几内亚与大洋洲、中国与东亚、波利尼西亚与东南亚、欧洲与美洲、南北非洲与马达加斯加之间各自的生物差异、地理限制以及社会发展。这部分还将先前各部分讨论的因果理论应用于具体问题的分析,强调四组环境差异——可驯化的野生动植物、影响传播和迁移速度的因素、影响大陆之间交流传播的因素、大陆面积与人口总数差异——的决定性作用。

用一句话概括全书:环境差异决定了国家进化的优势基础,进而导致了不同民族之间差异化的历史发展进程。

二、语言魅力与交叉研究

人类文明的演化发展是一个极为漫长而复杂的过程。《枪炮、病菌与钢铁》涉及史前史、人类文明史、地理学、生物学、遗传学、农业、语言学等诸多学科,甚至涉及大量生物科学实验、对所有人类生活的大陆和主要岛屿进行的考古研究,以及对技术、文字和政治组织的历史研究。其学科多样性之丰富、知识内容体量之大,要求作者不仅必须具有百科全书式的专业知识,还要具有强大的逻辑分析和综合整理能力,能把不同学科知识相联系,整合为统一体系。最重要的是,作者必须具有出色的表达能力,才能将影响进化过程的复杂因果关系链条有条理地说清楚。

为了保证研究结果的专业性、技术性,本书的理论叙述部分因大量科学证据和实践数据而相对枯燥,但作者迷人的幽默感为其增添了趣味与魅力。"可驯化的动物都是可以驯化的,不可驯化的动物各有各的不可驯化之处。"

作者在论述动植物驯化问题时创造性地改编托尔斯泰那句家喻户晓的名言,提出"安娜·卡列尼娜"原则,使专业理论浅显易懂,用人文底蕴为严谨的科学添加调味剂。(第275页)同时,作者在逻辑理论的伸延中大量使用设问,不断对前人的观点提出质疑,对自己的理论进行反思。苏格拉底式的提问,使作者与自我、与读者之间形成了对话,既调动了读者的精神兴奋,使其主动思考,又像一只手牢牢抓住了读者的注意力。在不断的追问与解答中,作者带领我们逐步揭开真相的面纱。

有着作为教师兼语言学家的母亲,和作为遗传疾病专科医师的父亲,贾雷德·戴蒙德认为,自己的著作成果得益于父母在人文与科学领域的全面培养,也和自己的学习实践经历有关。他一直有意识地用实验科学的方法研究历史科学,并做过33年演化生物学的现场调查。贾雷德·戴蒙德与各式人类社会产生过广泛且密切的接触,多年的实地考察使他拥有异于常人的人生经历。他将丰富多彩的个人见闻和冒险经历用幽默的语言和生动的对话编织成故事,穿插在这本体量庞大的科学著作中,既使人产生身临其境的体验,又稀释了知识的密度,降低了阅读难度。

除了知识丰富、写作手法高明等优点以外,贾雷德·戴蒙德利用跨学科的知识体系和思维习惯创造了本书最大的亮点——提供了研究人类历史与社会的新方法——对照实验。以往的历史学家总想从无人能保证真实性的历史叙述中总结一个重大历史事件的意义,并"宣布"它对世界、对后代的影响,但我们会发现这其实受困于休谟问题:我们无法从实然中得出应然。以这种后见之明去探究源头问题显然是力量不足的,而贾雷德·戴蒙德的研究并非拘于单纯的历史叙事,而是基于自然科学与客观物质,运用几门从表面上看似乎与人类历史毫不相干的科学学科所提供的新知识和可用经验验证的物质条件或变量,来解构人类历史与文明问题。限定主要变量与条件,从经逻辑论证与实践检验的抽象和一般的体系知识中,分析、演绎出可从经验上考察、验证的理论解说或预测,这种自然科学的研究方法对社会科学(尤其是法学)的研究是极具启发性的。中国法学家苏力教授就极为认可这种研究方法,他不仅在《大国宪制》的写作中加以应用,还呼吁中国法学人应当都基于经过实践检验的经验去发展理论逻辑,思考法学问题及人类社会的政体和宪制。❶

三、对争议之处的商榷

1. 现实的反例——地理环境说不足以普遍适用

在本书关于中国的部分中,作者将中国由盛转衰的原因解

---

❶ 参见苏力:《大国宪制——历史中国的制度构成》,北京大学出版社2018年版,第558—559页。

释为政治统一而决策错误❶,而欧洲的领先,如哥伦布成功发现新大陆,则得益于欧洲的分裂局面。为了与自己全书的中心论点保持连贯,作者提出中国的统一和欧洲的分裂都有一定的地理基础,并解释说欧洲海岸线破碎、内有高山大河,足以维护政治独立,保持语言、种族特点,但中国没有任何独立国出现并长期存在的可能。(第440—446页)这样的论证是站不住脚的。中国也不乏高山大河,不提川藏地区,仅秦岭就海拔高达3000米,虽不及阿尔卑斯山,但远超比利牛斯山。苏力教授也反对这种观点:"这实在错得离谱。"他毫不留情地批判道:"就自然地理条件而言,中国远比欧洲复杂多了,交通联系艰难多了。"❷并且事实上,北方少数民族政权不仅在中国历史上多次出现,甚至多次入侵并颠覆了中原王朝,但又无一例外地被汉文化同化。所以中国的长期统一局面并非单由地理环境造就,若要用地理环境理论解释一切现象,其论证力度似乎稍有欠缺。

2. 其他因素的影响——单以地理环境为因的不完整性

作者开篇定调:"不同民族之间相互作用的历史,就是通过征服、流行病和灭绝种族的大屠杀来形成现代世界的。"(第5

---

❶ 戴蒙德认为,由于权力集中,就会存在一种强大的个人偏好力量。这种力量足以抹除有利的技术进步。然而这种"个人意志决定论"的贸然推断是否严谨合理,或是否正好与他全书一以贯之的"地理环境决定论"进路略有冲突,本文不做展开讨论。

❷ "这实在错得离谱。今日中国疆域面积是与整个欧洲相近。但若就自然地理条件而言,中国远比欧洲复杂多了,交通联系艰难多了。起码,欧洲没有沙漠、戈壁、高原以及长江与黄河这类古代人类很难逾越的重大自然障碍。但罗马帝国在其最强大之际也从来不曾统一欧洲,只统治着环地中海地区。北美大平原也远比中国的华北(黄淮海)平原辽阔,但在欧洲人殖民之前,那里一直是部落社会。"苏力:《大国宪制——历史中国的制度构成》,北京大学出版社2018版,第4页。

页)然而此处论述不够严谨,或说修辞稍欠斟酌。人类不同文明之间不只有这一种互动模式:阿拉伯商人把印度数字传向世界;波斯商队把中国的茶叶瓷器带到欧洲;唐玄奘西行求取佛法;鉴真和尚东渡日本传播医学知识;日本韩国学习中华制度文化;欧洲传教士和商人从中国带走指南针和造纸术又把美洲作物带入中国……这些互动都或多或少地影响了历史和国家的进化历程。民族间的相互作用,除暴力冲突之外还有和平交往,不能把通商贸易、文化交流、友好往来与人口迁徙对文明演化的作用抹杀。

作者论述了现代世界是如何由暴力冲突塑造的,可是作者并未解释占优民族征服、屠杀他族的想法是如何产生的。毕竟残酷的杀戮不是人类的天性,而且同样曾在历史上处于领先地位的中国就没有种族屠杀这样的残忍行径。为何西方对其他民族的影响大多通过征服和屠杀的方式,而非中国式邦交?

除了观点极端、论述缺环之外,作者的论证也有可商榷的地方。对于国家的诞生,作者提到粮食生产剩余后就会出现国家与政治组织。尽管作者可能是为了达到主次分明的论证效果而有意避免对相关问题展开讨论,但作者的论证不免过度简洁。事实上公权力对私权的取代是一个极其复杂的过程,粮食剩余仅是国家形成的必要条件之一。毕竟个体将权利让渡与统治者,不仅在主观意愿层面难以实现,客观上也极费成本。复杂社会建立在武力和让渡自我利益之上,原始的充满合作性、平等性的社会如何才会向阶级统治社会转变?意识形态领域的影响因素不可忽视。从其他学者的研究中可以得到一种"竞争—合作模型",即国家起源于战争,有不同社会的竞争才会出现氏族部落向阶级社会的演变❶,而在经历了文化演进,积累起一套形成团结局面的文化机制后,合作才能延续,国家才真正诞生并有长期存在的可能。❷

3. 不确定因素❸——地理环境说的自身局限性

地理环境说的局限性至少有两点:其一,地理环境无法决定人类活动;其二,地理环境自身会被不确定因素改造。

人类活动作为内生变量,是民族、国家进化历程的组成部分,同时也是对这一进程本身产生影响的不确定因素。在上文第2节关于其他因素的讨论中可以发现,对于"人类活动(包括物质的和意识的)对人类自身进化历程的影响究竟是最终取决于地理条件,还是独立于给定的物质资源而作用"这一争议难以得出确切无疑的结论。人类活动既是基于一定外在地理环境和物质资源条件而存在、运行的,又是人类文化、自我意识和其他诸多不确定因素❹共同塑造的,不仅仅由地理环境决定。换言之,地理环境为人类活动提供物质基础,但地理环境自身无法决定人类如何活动与相互作用。

从权力诞生到征服其他地区、民族直至领跑世界,这漫长过程中会出现多种可能性,不能用单一理论解释。人类文明发展和

---

❶ 参见〔英〕彼得·图尔钦:《超级社会:一万年来人类的竞争与合作之路》,张守进译,山西人民出版社2020年版,第26页。

❷ 同上注,第52页。

❸ 不确定因素指各种无法人为预测的偶发性意外事件,由大量复杂或未知的变量构成,既包括人类物质性与意识性活动,群体之间的相互影响、相互作用,也包括难以预测的自然灾害例如气候灾害、地震甚至陨石坠落等。"天灾人祸"这一成语就是对一部分令人悲愤却无能为力的不确定因素的概括。

❹ 他人活动(人类互动影响)、天气、意外事件等黑天鹅事件会引起蝴蝶效应。

社会历史的进程是由地理环境所决定的生产方式与政治制度、文化信仰共同塑造的,即使上层建筑由经济基础决定,其对物质能动的反作用仍是关键性的。文明(包括政治、文化、宗教、科学技术在内)的作用不是被动的,人们开荒造田、修建大型水利工程,都是对环境的改造,环境塑造文明的同时,文明也重建环境。

4. 淘沙留金——地理环境说何以胜出

从上述种种讨论中确实可以得出"以远古时期的地理环境解释当下现实,不够严谨"的论断,但这论断不足以成为"结论"。地理环境说看似有无法解决不确定干扰的缺陷,然而这"缺陷"本身正是它的最大优势。

地理环境究竟能否普遍适用于解说人类文明的起源与发展,这个问题其实无需争论。世界上不存在两片完全一样的叶子,苛求对任何国家和人类文明演进之成因有一套完全一致的解释岂不更是天方夜谭。普遍适用,并非绝对适用,所谓"普遍",是一个概率性问题,即追求相关理论更大概率地吻合现实。就普遍性而言,不仅地理环境论是当前解释不同国家发展历程的理论中最具普遍适用性的理论,地理环境因素也是影响文明演进历程的种种因素中最有普遍性、确定性的重要因素。

本文第三部分之初提到的中国问题就是一个例子。看似地理环境理论能解释其他国家却不适用于中国,地理环境因素能解释很多事实现象却解释不了长期统一的谜题,但地理环境论对于解释中华文明的诞生和发展仍是适用的。地理环境决定生产方式,生产方式是制度建设的基础,也是思想观念和文化的基础。❶ 中国的文化同化了所有入侵者,然而中国的文化怎能说

---

❶ 例如平原沃土适于种植,农业文明人口密度较大,易于发展出封建制度;森林适于狩猎采集,人们的结合方式往往是较小的氏族部 (转下页)

不是由地理环境影响而成的呢?❶ 另一方面,入侵的外族统治者放弃原本的文化,转而学习汉文化,不仅是因为汉文化发达先进,也是由于"统治的地域、环境变了"。

诚然,作者开篇提出民族之间的互动主要依靠"征服、流行病和灭绝种族的大屠杀"的观点欠妥,但作者的目的是尽可能找到大国进化竞赛中的共性点,并探究这些共性背后的共同根因。尽管并非最恰当的例子,但这三者都是影响历史的巨大变量,也是最清晰的共性。尽管重要因素未被一一列举,但这三个词足以证明,看似毫无联系的因素,其因果的始端都连接于地理环境。沿着这一进路,上文提及的"通商贸易、文化交流、友好往来与人口迁徙"等诸多影响因素,很大程度上也与地区或国家间距离、区域地理开放程度等地理环境因素有密不可分的联系。作者构筑出清晰的线性的因果关系,因果关系的根源就是地理环境,他探求根本原因的努力不仅拉长了因果链条,更拓展了人类认知的范围。

另外,残酷的杀戮确实并非人类的天性,但为了生存繁衍而获取(甚至是夺取)生存资源却是一切生物共同的本能,当预计到地区资源不足以支撑民族未来生存发展时,求生本能就会激发侵略扩张的欲望。尽管作者未进行说明,但民族征服野心的

(接上页)落;地表破碎的临海地区适于航运和渔业,多形成地位平等的城邦;草原适于游牧,地广人稀,而人口少不利于生存,人们就更倾向于结合成大部落。而文化与思想观念的形成也基于生产方式,以种植为生必然安土重迁、崇拜天地;狩猎采集者追寻灵巧的猎物和偶得的野果自然相信万物有灵;渔业与航运带来的商品交易建立在平等自愿的前提下,驰骋草原、逐水草而居的牧者自然一心前进,视天地为家。

❶ "一方水土养一方人"就是对饮食文化差异的地理环境论解释。

形成"明显"❶是文化差异和地理因素的双重作用——主观意识形态层面文艺复兴、宗教改革觉醒个人意识、掀起逐利狂潮;欧洲可耕作的土地上地狭人稠,自然资源不足;长期处于分裂、多国竞争状态的地缘政治;同时破碎的地形与曲折的海岸线提供了出海的便利条件,种种因素都刺激他们殖民扩张。另有学者认为,资本主义的生产与财富创造方式是西欧征服海外殖民地的直接原因。❷ 而中国地大物博,有足够的面积与粮食产量保障民族生存发展,自然没有夺取资源的额外需求(故中国对藩属国要求的"纳税/朝贡"总是象征意义上的,甚至中原王朝的回礼常常大于贡品的价值。同样是对外族统治,"馈赠"和"掠夺"的差异很大程度上是由宗主国的地理资源决定的❸)。

不进行详细论述推演,正是因为作者的努力方向是延长因果链条进而探寻本质,所以在因果链的分支适当地抓大放小,才能详略得当。若在细枝末节过度延伸浪费笔墨,反而会使读者难以辨析主干与枝杈。

至于说"地理环境自身受不确定因素影响",这一局限仍不妨碍地理环境说成为解释文明差距的最优理论。因为相比不确定因素的非线性混沌状态,地理环境因素更具稳定性,即使环境会被改变,变化的任意程度也远远小于其他变量。同时,不确定因素虽然对历史进程造成影响,但不确定因素不仅不可预知、难

---

❶ "明显"是指仅从表层解释,不进行严密的展开分析和论证,若进一步解释仍可将文化影响与地理环境因素相联系,见下文。

❷ 参见〔以色列〕尤瓦尔·赫拉利:《人类简史:从动物到上帝》,林俊宏译,中信出版社2017年版,第四部分,第285—312页。

❸ "仓廪实而知礼节",我国古代自居"天朝上国"以和为贵,对邻国、藩属国友好仁慈的大方态度,这些所谓的文化表现都来自地理资源富足的底气。

以复制，甚至在当下出现时也难以辨识。无法辨识该因素是否对历史与文明演进造成影响，就无法以史为鉴从而在当下抓住机遇，无法预知、无法复制，便会导致事后分析也无益于未来。❶而地理环境因素及其成就的重要直接因素往往是可辨识、可分析、可认知的，这就为我们进行事后分析并归纳出有用结论以指导未来提供了更多的可行性。贾雷德·戴蒙德不仅明白这个世界是复杂且不确定的，还能够理解一切复杂源自固有的简单。他以独到的眼光和辨析力，刻意略去漫长历史进程中的低概率事件，留下可认知、分析和复制的共性根因和次生因素，就像淘洗去水面的层层浮沙，留下真金。

戴蒙德理论的强大之处不在于绝对精准、完美无缺，而在于普遍适用，在于寻根求本，在于披沙拣金。

四、于荟萃中啜英咀华

人不可能穷尽历史的复杂因果关系和所有不确定因素，每一片土地、每一个时代都有其特殊性和偶然性。人类的历史进程何以如此，也不可能有最终和唯一答案，但环境作为物质基础，对人类的发展必然有基础性、关键性的作用。我们不能把重心放在求证不可知的因果讨论，而应发掘作者理论的价值，"因为理论的力量就在于它的解说力和预测力，而不在于它的'真'"❷。比起

---

❶ "无益"是相对而言的，并非不能有产出，只是收获更可能小于支出的分析成本。同样，"无法预知、无法复制"也是相对而言的。

❷ "以能否验证来评判理论，也可能误解了理论。因为，非但社会科学的理论，即便自然科学的理论，也并非可以一一严格予以经验验证，许多只是能对大量经验现象给出逻辑上统一和系统的事后解释。"苏力：《大国宪制——历史中国的制度构成》，北京大学出版社2018年版，第561页。

验证,更有价值的是关注其指导性意义,面向未来,思考未来的决策与行动。

无论是从突破研究方法层面来看,还是从提供智识增量层面来看,贾雷德·戴蒙德都为人们创造了巨大的价值,书中能为大国竞赛的未来长路提供启发之处也不胜枚举。

1. 历史之鉴:枪炮—技术

回首已走过的人类文明历史,会发现成长为强国的民族都出现过许多改变世界的发明与技术突破。这当然不完全取决于智力,大量"发明"都只是在前人技术成果基础上的改动与更新,即使没有超人的智慧与前沿的科学理论,在实践操作中一步步积累微小的改变抑或突发奇想的灵光乍现都可能改变未来的世界。做出圆形的轮子便捷了交通运输,炼丹爆炸得到火药便使一个国家在冷兵器时代的征服战争中无往不胜。不要小看任何一个技术的变革,任何技术创新都可能成为在未来引起社会变革的"不确定因素"。

古代中国孕育了四大发明,却远远落后于近代化的西方,其中缘由正是国家不重视技术,不重视市场,消极不愿意改变。技术越及时、越充分地与市场结合,越能使变革的成果及时、充分地展现,甚至催生此项技术之上的新创造,衍生出新价值,带来新科技的指数型突破。只有尽快将技术投向市场,才能实现利用效率的最大化,才能收获最大化的创新红利。

国际竞赛的强者都是先进科技的拥有者。当今时代,科学技术是第一生产力,创新是发展的第一动力,而创新与科技发展的驱动力,来自需要。一个事物的功能效益只为行为提供动机,并非行为的直接驱动力,一切行为的驱动力都是需求。戴蒙德以一句经典的格言"需要乃发明之母"为起始点,讨论了人类文明进程中起到巨大影响力的发明如何产生。❶ 正如第一次工业革命诞生于技术工人对提高生产效率的需要,20世纪以来大量的武器突破诞生于争霸与独立战争的需要,如今各类人工智能、网络技术也诞生于和平年代的现实需要。要实现科技强国、创新强国之梦,必须着眼于当下迫切的现实需要。

创新的需要又来自哪里?为什么有的国家科学技术发展如此之快、发明创新频率如此之高,而有的国家却难以发展突破,甚至陷入内卷危机?外部矛盾和内部矛盾同时创造需要,当下国际政治冲突、商贸竞争,都是外部矛盾;社会问题、人民对美好生活的向往,都是内部矛盾。对前进与发展的需要,来自外界倒逼的压力和内在的自身不满足。骄傲自满使人落后,安于现状同样为国家埋下危机。我们不要陷入猜疑链,因军备竞赛而浪费大量财富和资源;我们要擦亮双眼,直视社会问题和当前缺陷。

2. 当下之感:病菌—疫情

初读《枪炮、病菌与钢铁》,令我印象最深之处就是作者提出的病菌和传染病对征服的作用。在新冠肺炎疫情这个特殊的节点,此观点的现实性尤为醒目。流行病的威力强到可以打破旧秩序,其威力绝对不亚于由宗教、领土、政治、经济等原因引起的战争。当下的全球疫情绝对是大国竞赛中的不确定因素,是所有竞争者都遇到的赛道"山体滑坡",也将是直接引起今后全球动荡的原因之一。疫情之下,各国采取了不同的安全与经济政策:以埃及和拉脱维亚为代表的许多国家停飞国内外所有航班,选择封闭政策以求自保;以美国为代表的许多国家走上财政

---

❶ 参见〔美〕贾雷德·戴蒙德:《剧变:人类社会与国家危机的转折点》,曾楚媛译,中信出版社2020年版,第十三章。

货币化道路,采取不合理的金融与财政政策扬汤止沸;而中国做到了稳住阵脚、有效防疫、恢复生产发展,在其他国家被疫情拖住发展脚步甚至遭遇经济倒退时,可以说已经抢占了先机。

我国已经开始总结经验,集中优势资源攻克新发突发传染病和生物安全风险防控、医药和医疗设备等领域的关键技术,但接下来的任务依然艰巨,我们要在安全性未知的赛道上、在强大竞争者的针对和围攻下保护自身安全并继续前进。

动荡不仅带来危机,也带来机遇,若我们能好好将其利用,就能将危机化为机遇,实现弯道超车。贾雷德·戴蒙德在他的最新著作《剧变:人类社会与国家危机的转折点》里,讨论了影响国家危机结果的 12 个因素❶,为国家应对危机提供了系统化操作指南:首先形成对国家危机的全民共识,其后国家要对自身作出全民认可的诚实评估,对体制和政策作出选择性变革,并借鉴他国或本国历史上处理类似危机的经验,争取来自他国或他人的物质及资金援助,最后不断汲取失败经验,提高国家灵活性,探索新的解法。除了范式操作以外,戴蒙德提到的几个因素——不受地缘政治约束、国家认同、国家核心价值观——正是中国当下着力解决的问题,尤其值得关注与思考。以往沉重的经验教训告诉我们,固步自封只能落后,能否保持开放鼓励创新、能否得到合作伙伴的支持帮助、能否找到一条更平坦安全的捷径、能否认清自身优点与不足加快奔跑的脚步,都对改变我们在民族竞赛中的位次至关重要。

3. 前路之思:钢铁—资源

世界格局和国家竞赛位次一定会在传染病的流行与对抗中

---

❶ 参见〔美〕贾雷德·戴蒙德:《剧变:人类社会与国家危机的转折点》,曾楚媛译,中信出版社 2020 年版,第 55—59 页。

悄然变化,但更引人思考的是我们最终能否跳出这个框架——相互倾轧、争夺生存发展资源的竞赛困局。即使明白了各民族在大国竞赛中的强弱地位最终由地理环境因素决定的逻辑,知道了这场规则残酷的竞赛不仅最初起点就不同,并且发展条件也不同这一不公平的真相,我们也不能悲观消极,更不能安然于落后地位,反而应以不甘认命之心提出更多追问,进行更多思考。

为何欧洲曾经能够领先世界,夺得国家竞赛的霸主地位?他们又为何要侵略扩张,妄图瓜分地球上每一寸土地?煤炭给工业革命提供动力,刺激了技术突破、经济增长;钢铁给技术革新提供原料,铸就坚船利炮,使征服战争的胜利触手可及。资源的开发应用是国家发展的关键,而生存环境也决定了资源是有限的。为了更多的土地资源,侵占他国领土;为了更多物质资源,掠夺他国矿产与财富;为了更多人力资源,剥削、贩卖、奴役他国百姓……世界各族人民决不允许这些事情再次发生!

资源有限性问题是当下更是未来必须面对、解决的难题,但人们逐渐意识到,资源的有限性是一个相对概念。随着科学发展,人类培育出转基因大豆、杂交水稻等更高产的作物,缓解了耕地短缺;建造起摩天大楼、沙漠城市,扩展了土地资源;开发利用太阳能、潮汐能等可再生能源,实现了能源转换;革新了造纸技术、淡水净化技术,减缓了不可再生资源的消耗枯竭。如今全球顶尖的核物理科学家都在攻克更安全、更便宜的核聚变能源,我国有"人造太阳"之称的全超导托卡马克核聚变实验装置(EAST)近期完成了新一轮升级改造。❶ 中科院合肥物质科学

---

❶ 参见《我国人造太阳1亿度燃烧100秒,有望实现核聚变,淘汰煤电不是梦》,载网易网(https://www.163.com/dy/article/G61P5J1R05159TSH.html?f=post2020_dy_recommends),访问日期:2021年3月26日。

研究院等离子体物理研究所王腾博士说,煤、石油、天然气未来有枯竭的危险,还存在一定的环境污染,而"人造太阳"核聚变反应所需的原材料在地球上几乎取之不尽、用之不竭,生成物也没有危害,被认为是理想的"终极能源"。❶ 科技的发展抬高了资源限制和环境承载力的上限。

核能是清洁、可再生的资源,如果核聚变技术在未来能广泛应用,零和博弈的困局将被打破,跳出国家竞赛的框架也有望成为可能。❷ 但同时核能又是一把双刃剑,其不可控性将埋下巨大安全隐患。确保核聚变技术的可控和稳定,是事关人类生存发展安全的重中之重。

五、以达尔文主义视角回顾

以达尔文主义与进化论的视角回顾,国家的发展史就是

---

❶ 参见《1亿摄氏度"燃烧"100秒!中国"人造太阳"将再冲新高》,载搜狐网(https://www.sohu.com/a/457649279_120020132),访问日期:2021年3月27日。

❷ "如果可控核聚变研究成功,我国将不再受制于石油运输渠道被掐断的威胁,不用受到美国的限制,而能源产业将解放大量的石油天然气用于其他产业,烧煤的火力发电将退出历史舞台,科技领域将有极大进步,综合国力将超越美国。以现在我国的技术进步速度,大约再过30到40年以后,可控核聚变就能有实用化商业化的可能,能运用到人们的生产生活当中。……如果未来由我国首先攻克可控核聚变装置,那我国的电力能源就可以卖成白菜价,火电将被完全淘汰,工农业生产将有充足而又廉价电力供应。彻底解决中国人民的吃饭问题,让'温饱'成为历史名词。人们的出行,使用电池驱动的新能源汽车,用电力驱动的地铁、轨道交通、高铁等,进一步杜绝了化石燃料对大气环境的污染。有了廉价的清洁能源,其他工业生产的成本,会进一步降低,机器人、自动化生产线等人工智能AI技术,在工业领域会非常普及,进一步释放、激发人类的劳动力和聪明才智。"(文/山峰)

一部大国进化史。有差异的地区环境就是人类各民族、国家进化所依凭的物质基础,不同的地理环境决定了进化的不同方向和不同的速度。各个民族都在努力适应赖以生存的环境;各个国家都在演进历程中不断积累"优秀基因",淘汰落后因子;各个国家竞赛的参与者都在拼命自我发展,成为优胜劣汰法则下的强者。

1. 地理环境与物竞天择

竞争是进步最好的推动剂,物竞天择、优胜劣汰,永远是生存的真理。种间竞争促进物种进化,国家间的竞争也是大国进化的重要外部推动力。由于地理的分离隔绝,澳洲的动物免于同其他大陆上的兽类接触、竞存,有袋类哺乳动物在千万年中几乎没有进化、改变,美洲、澳洲的土著人也由于地理封闭而始终保持着人类原始的面貌,最后被白人征服欺凌。同样,自恃天朝上国的古代中国也长期不思进取,闭关锁国,直至欧洲的坚船利炮震碎国门之时才幡然醒悟。

论及欧洲国家最先取得工业与科技的"进化优势"的原因,除了欧洲大陆上国家间的竞争外,欧洲各国间的交流合作、欧洲与东方的交往学习也是不容小觑的重要因素。但合作交往取得的先进技术只是"锦上花",只有为了生存之必需而发展出的技术才是"雪中炭",其对国家进化发展的作用远远不同。当然,不论是国家竞争还是合作,都指向同样的基础性条件——地理位置。地理位置开放性较强或邻国较多的国家与外界的交通更便利,自然与他国联系较密切,无论是竞争还是合作,都比封闭地理位置的国家拥有更多的机会。

当今全球联系越发密切,交通、通信技术日新月异,地理条件已不再是阻碍发展的主要因素,但我们仍需警惕反全球化政治、贸易壁垒、封锁外国信息资源进入国内等"现代闭关锁国"举动。有竞争才能有迫切的前进动力,有竞争才能更快地实现自我完善和更新,适度的竞争才是对自身最好的保护,才是从大国竞赛中胜出的不二法门。

2. 智力差异与用进废退

尽管戴蒙德在引言中强烈反对将智力视为影响国家发展进程的差异性因素,认为"智力差异"的观点是"种族主义的",甚至提出新几内亚的环境对智力基因的选择反而比发达国家更加严格残酷(所以新几内亚人的智商应该比欧美人更高)❶,但是事实并非如此。各种族之间确实存在智力差距,而这种差距的成因恰恰是戴蒙德本人所提出的地理环境因素。

贾雷德·戴蒙德在其另一部著作《为什么有的国家富裕,有的国家贫穷》一书中提到的"自然资源诅咒"❷,其实也是地理环境因素对智力差异形成之可能的解释之一。在自然资源充足的环境中,人们无须过分努力即可获得生存物资,就没有开发大脑的主观必要,从而丧失通过智力思考锻炼大脑的客观机会。相反,在地理环境极端恶劣的地区,人们摄入的能量大多用以生产(觅食、劳作等)和创造其他生活资料,可以分给脑力活动的能量极少,虽然有开发大脑、以智力创造物质财富的必要,却没有进行大量脑力活动的客观物质条件支持。而只有地理环境既不过分恶劣,也不十分优渥的地方,才最容易提供能积累智力进化的"脑力劳动练习"。自然环境仍有不适宜生存与发展之处,因

---

❶ 参见〔美〕贾雷德·戴蒙德:《枪炮、病菌与钢铁:人类社会的命运》(修订版),谢延光译,上海译文出版社2016年版,前言。

❷ 参见〔美〕贾雷德·戴蒙德:《为什么有的国家富裕,有的国家贫穷:比较人类社会学》,栾奇译,中信出版社2017年版,第27—29页。

而需要人们"征服和改造",同时,足够的物质资源支持可以为脑力劳动的消耗提供充足的能量保障❶,所以这样的自然环境更能给人们动脑思考提供激励和基础保障。脑力活动频繁的民族中更容易出现大脑开发程度更高的人,自然选择遴选出的优秀基因在族群中扩散延续,必能在漫长的进化历程中使种族基因整体上得到改变。即使是极为微小的智力变化,也足以在日积月累中形成种族差异。

智力差异这种论断并非出于种族主义的歧视,只是承认地理环境造就的差异性而已。正如承认非洲人耐力好,适合长跑、短跑,但游泳就较为弱势,承认南方人的体型比北方人相对更小,承认肉食占比大的民族比以素食为主的民族体味更重一样,地理环境不仅塑造体貌特征,也同样影响大脑。常言道,"脑子越用越灵",用进废退这个道理既然在别的器官上可以论证检验,换个器官难道就不适用了吗?承认这种差异也不是为种族歧视提供论据,承认与接受永远是作出改变的第一步。只有清楚地认识到智力与思考学习等脑力活动的关系,一个民族才会真正明白教育、科技、创新的重要性,才能以更有效、切实的行动来改变自己,增强自身在大国竞赛中的竞争力。

3. 大国进化与适者生存

生存,是生命存在的最高法则。一切生命都依附于环境❷而存在,最具环境适应性者就是生存最强者,而进化就是改造自身以适应环境的手段。

---

❶ 从个人放大到种族层面,就是有足够的粮食剩余,能保证专业技能分化后的社会运转。
❷ 此处以及下文的"环境"都是广义的,既包括自然地理环境,也包括生命本身组成的生物环境和抽象意义上的人文环境。

保持进化动力的最好方法就是长存危机意识。我们时常会惊讶于一个贫困落后的小国竟然国民幸福指数高得出奇,在思考"幸福也许是懂得满足"的同时,难道不应警惕是否是"幸福满足"导致了这个国家几十年没有大的发展?反观中国,在改革开放的短短几十年间实现了他国需要百年才能完成的发展进化,但在民族复兴尚未完成的当下却出现了"佛系青年"这个流行热词。懂得佛法,心空无欲,自然是大智慧,而将其作为价值观指导客观行为时就要考虑后果。以佛学指导行为,要区分是什么人在什么时间的行为。与世无争、懂得知足,同样的智慧应用在老人和处于奋斗时期的年轻人身上必然有不同的后果。生于忧患,死于安乐。如果一个人安于现状不思进取,就会被随时出现的危机击垮,被不断改变的环境淘汰,如果一个国家大部分人民都安于现状,这个国家便有衰落的危险。

环境是变化的,更是危机四伏的。危险不仅来自生存者们对延续生命之机会的相互争夺,来自环境自身朝更恶劣的方向改变,也来自无法预测的"不确定"灾难性事件。环境不断被改变,生存者就要不断进化以适应改变,危险随机出现,生存者就要不断进化以应对危险。生存的手段归根到底就是一个字:变。

中国将自己定位于发展中国家,不是自谦,而是懂得国家的生存方式就是永远处于发展进化中。国家进化的方式是改革与发展,因此改革与发展都必须以环境适宜性为最高准则。环境既包括自然界也包括生物界和国内外人类社会。尽管随着科技的发展,自然环境对人们生产生活的影响力逐步衰退,但地球永远是人类生存所依凭的基础。改革与发展不仅要敬畏大自然的法则,永远将与生态协调放在首位,也要思考人类在生物链的位置。人类自视居于生物链的顶端已经千万年,而唯我独尊的思维是招致灾祸"最好"的法咒。面对社会问题频发的国内现状,竞争激烈的国际环境以及无法预测防范的不确定危机,永远没有"最好的政策"。环境永远在变,任何方法政策用久了都会因不适应新现实、新环境而滋生问题。最好的政策是能解决当下问题的政策,最好的体制是适应当今需要的体制。一切政策改革、发展规划都必须有环境适应性,必须经得起现实的检验。

环境决定发展,是进化的逻辑,而不断变化的环境中潜伏着危机。人类将面对的风险是不确定的,国家竞赛的结果更是不可预知,唯一确定的是发展之路单向通往未来,我们只能向前。适者生存,是大国竞赛唯一的解法。

刑罚与殖民：沙俄时期流放
制度的分裂与变异
——评丹尼尔·比尔《死屋》

李　波[*]

流放制度是近代以前的一种刑罚，中西都有，比如英国和法国都曾向其殖民地输送犯人，中国古代许多王朝也曾将犯人流放到南方一些偏远的地区。作为一种刑罚，流放主要是通过流放途中的艰苦以及流放地区自然环境的恶劣实现其惩罚目的。无论中外，流放的起点一般是本国或本土经济较为发达的地区，终点则往往是未经开发的蛮荒之地（"瘴疠之地"）。可见，流放制度不仅执行着惩罚罪犯的功能，而且还承担着开发流放地的功能。但是，作为一种刑罚而言，惩罚罪犯应该是流放制度的主要功能，如果国家有强烈的意愿通过流放制度开发新土地甚至将流放制度作为殖民的重要途径，会有什么后果呢？《死屋：沙皇统治时期的西伯利亚流放制度》[❶]（以下简称《死屋》）一书将告诉我们答案。这本书对沙皇统治时期流放制度的起源，及其在沙皇俄国领土扩张中所起的重要作用进行了详

---

[*]　中国海洋大学法学院副教授，北京大学法学博士。
[❶]　〔英〕丹尼尔·比尔：《死屋：沙皇统治时期的西伯利亚流放制度》，孔俐颖译，四川文艺出版社2019年版。

尽深入的探讨。除了序言和尾声,《死屋》这本书包括十四章,其中对沙俄流放制度的起源、罪犯在西伯利亚的生存环境、肉刑、以及流放与殖民之间的冲突等问题刻画最为深入。除此之外,作者也用较大的篇幅对沙皇政府对政治犯的流放、虐待以及西伯利亚作为"革命起源地"的作用进行了阐述。笔者主要关注的是流放作为一种刑罚与沙皇政府利用罪犯进行殖民之间的冲突。

〔英〕丹尼尔·比尔:《死屋:沙皇统治时期的西伯利亚流放制度》,孔俐颖译,四川文艺出版社2019年版

16世纪末,出于安全和经济两个方面的考虑,沙皇俄国开始向东迅速扩张。俄国的政治中心虽然在欧洲大陆,但其欧洲部分的领土与邻国缺乏大江大河或高山等陆上屏障的阻隔,俄国一直将领土扩张作为维护其国家安全的重要途径。大蒙古国

金帐汗国的衰落为沙皇俄国的领土扩张提供了绝佳机会。1582年,哥萨克冒险家叶尔马克·季莫费耶维奇袭击了西伯利亚汗国首领库丘姆汗。1598年,库丘姆汗在鄂毕河畔战死,西伯利亚汗国崩溃,从此俄国向东扩张罕逢对手,直到它在南面遭遇清帝国。俄国领土扩张的经济动机一开始是攫取西伯利亚的自然财富,特别是号称"软黄金"的动物毛皮。但到1700年左右,这种软黄金的供应已经将近枯竭,普通商人没有动力再向东挺进,这时候为了继续扩张并开发东部地区,俄国政府开始利用刑罚殖民,这就是沙俄流放制度的起源。

一般来说,流放制度适合领土面积较大或有海外殖民地的国家,比如英国和法国,都是向本土之外的殖民地输送罪犯。对俄国而言,未开发的西伯利亚是绝佳的流放地。西伯利亚的面积是1550万平方千米,是欧洲大陆的1.5倍。这里气候寒冷,自然环境恶劣,"在理论上,俄国的罪犯将辛劳地开发西伯利亚的自然财富,并在西伯利亚偏远的地区定居,而且在这样做的过程中,他们将体会到自力更生、节俭克制和勤奋耐劳的美德"。(第4页)从一开始,俄国政府就将西伯利亚作为一个大型的露天监狱,用于刑罚与殖民双重目的。流放制度不仅使沙皇能够把难以管束的臣民逐出了俄国欧洲部分,还可以令他们成为在西伯利亚的战略要地的移民和苦役犯。统治者既可以利用流放制度清除异己,还可以强迫他们为国家修建道路、军事要塞等。"通过清除旧世界里的不受欢迎之人,政府也会在新世界填充人口。"(第4页)对俄国政府来说,这无疑是双重的胜利。俄国统治者"将西伯利亚视为一个倾卸异见人士和颠覆者的便利场所"。(第23页)通过流放制度,沙皇将许多革命者和异见人士输送到西伯利亚,用苦寒和疾病来惩罚他们,最终将他们从肉体上消灭,他们的颠覆精神自然也随之消散。作为一种仪式感极强的刑罚,流放的本义是指将罪犯从正式社会中驱逐。这意味着罪犯所犯的罪行极其严重,以至于主流社会不再对被流放者抱有希望;统治者希望通过这一刑罚警告普通百姓,在此基础上维护社会治安并最终维护统治者的权威。

为了服务于殖民目的,俄国政府在流放制度的实施过程中逐渐偏离了刑罚本身的目的。一般来说,刑罚的目的无非是惩罚罪犯,在此基础上预防新的犯罪,将罪犯改造成守法的市民。一旦将流放制度适用于殖民目的,流放制度就发生了分裂和变异。一方面,为了向广袤的西伯利亚地区输送足够的人口,政府逐渐降低流放及所适用的犯罪标准。特别是18世纪,"很多此前无罪的活动(砍伐橡树、采盐、流浪、进入私人土地、乞讨等)变成罪行,并可被判处流放西伯利亚"。(第22页)不仅如此,为了避免烦琐冗长的司法审判过程,政府还不断通过司法外的机制来放逐那些其宗教和政治信仰被认为有害于公共利益的人。其中最典型的就是所谓的"行政流放",即将流放作为行政违法的制裁措施。"'行政流放'制度使沙皇政权可以规避法律细节和公众惯例。人们会被悄悄地逮捕,在没有上诉权利的情况下被直接从俄国社会中驱逐出去。"(第24页)"超过半数的西伯利亚流放者从未见过法庭的内景或听过法官的裁决。"(第27页)通过司法外的机制,沙皇统治者有效提高了流放制度适用的效率,为西伯利亚大开发提供了大量人口。另一方面,由于刑罚基本上都是有期限的,被流放者也有刑满释放的一天。为了使被流放者扎根西伯利亚,政府规定:被流放者如果想回到俄国欧洲部分,必须拿到当局授予的明确许可,并得到自己所属的农民和商人社区的同意。事实上,这两个标准中的任何一个都足以断送被流放罪犯返回故土的念头。不仅如此,为了增加流放地的人口,政府不仅拒绝罪犯刑满返回故乡,而且还号召罪犯的家属跟随罪犯一起在西伯利亚服刑,甚至在此定居。"国家将妇女视为'边疆驯化者'。国家需要她们来安抚她们的丈夫、抚养子女,并且在形成一批稳定和勤勉的殖民者方面发挥中心作用。"(第272页)当罪犯有了家庭之后,其痛苦就有了倾诉的对象,其愤怒的情绪得到安抚,逃跑的想法被弱化,由于有了家庭,逃跑的难度也随之增加。可见,家庭,特别是家庭中的妇女在西伯利亚殖民过程中扮演着非常重要的角色。"18世纪中期,当局已经开始担心西伯利亚的妇女短缺问题将使得西伯利亚无法出现人口稳定的刑罚殖民者。因此,国家鼓励妇女跟随丈夫越过乌拉尔山。"(第29页)为了让更多妇女前往西伯利亚,政府在发现对方难以被说服的情况下,最终采取强制手段驱赶她们跟随丈夫前去流放地。(第275页)

即便沙皇政府费尽心机,竭力增加西伯利亚的人口,由于西伯利亚恶劣的自然环境以及监管机构恣意地行使权力,流放几乎等于不定期的死刑。因此,即便国家一直将流放作为使用率最高的刑罚,西伯利亚仍然严重缺乏劳动人口。这也解释了,为什么沙俄流放制度没有像英国、法国向美洲、澳洲、印度流放犯人那样造就一个个兴旺发达的新国家。对于这个问题,《死屋》的作者认为:"流放系统分派到西伯利亚腹地的不是富有进取精神的定居者,而是贫困、绝望的流浪者。他们不是靠自己的勤劳为生,而是靠向真正的殖民者——西伯利亚农民——偷窃和乞讨为生。"(第4页)笔者不赞同这种见解。其实从作者所搜集的资料来看,被流放西伯利亚的罪犯并非本质上都是品行低劣、惯于造谣背叛的人,其中许多都是无辜的老百姓。他们之所以偷窃、逃跑甚至杀人,主要是因为生存环境过于恶劣,刑期又长,几乎断绝了他们的希望。罪犯白天要进行艰苦的劳动,晚上在尿液粪便四溢的牢房中度过,一旦生病也不会得到及时的救治,相反,即便带病劳动也时常受到责打。更何况,在苦寒潮湿的环境中,流放犯人中流行肺结核等传染病。在这种状况下,生病甚至死亡在罪犯中间是常有的事,一点也不令人惊讶。不仅如此,由于监督犯人的官僚与其处于欧洲的主子相距太远,后者实际上很难对这些官员的所作所为进行监督,最终导致这些官员就像西伯利亚的皇帝一般,恣意行使权力。"由于资源不足且几乎没有责任,官员操纵流放制度来谋取私利,无视、剥削并劫夺由他们负责的罪犯。"(第33页)为了让罪犯服从命令,这些官僚任意地使用鞭子、镣铐以及牢房。有时营地看守会因为非常轻微的违规行为责罚罪犯;罪犯有时被责打几十下,有时责打几百下,只是因为下命令的人具有不同的地位。(第309页)更令人愤怒的是,"在监督人可以免责的环境中,施虐的冲动不仅会伸向罪犯,甚至还会伸向本身没有任何过错的家属"。(第311页)

由于上述原因,"殖民和惩罚之间矛盾重重。由于资金长期不足、被不当管理且受被囚环境的摧残,在西伯利亚无情的气候和地形条件中,流放者缺乏使自己成为独立的农民和商人所必需的激励机制、技能、财政手段和组织手段"。(第29页)为了躲避劳动,有的罪犯不惜自残,甚至揭发自己有新的罪行,以通过司法审判延缓参加劳动的时间。虽然政府一直宣称苦役是改造犯人的有效工具,但是"实际上,它们锻造出了一无所有且十分危险的罪犯,他们没有什么可以失去的"。(第99页)原因在于,流放地的监禁和苦役等方面的惩罚事实上并没有将罪犯作为矫正的对象,因为流放地的生活极其艰苦,已经超越了一般人所能忍受的极限,这样就使得罪犯对将来的生活不再抱有希望。《死屋》一书的书名来自俄国作家陀思妥耶夫斯基的半自传体小说《死屋手记》。在《死屋手记》中,陀思妥耶夫斯基曾借主人公亚历山大·彼得洛维奇之口说出西伯利亚流放制度和苦役刑的悲惨之处。比如在严酷寒冷的环境中,罪犯在监狱中缺衣少食,缺少关爱,缺少安静和独处的空间,主人公彼得洛维奇曾感叹道:"我无法想象,在我服苦役的十年里,连一次,连一分钟独处的机会也没有,那是多么可怕和痛苦啊!"陀思妥耶夫斯基本人后来也向其兄吐露,在他被监禁的那段时间,"周围是永恒的敌意和争吵,诅咒、哭泣、喧闹、咆哮……四年来都是如此"。监狱生活中充斥着暴力,罪犯之间以及看守对罪犯的拳打脚踢是家常便饭,"有时候,一个人会极为痛苦,以至于他可以做出邪恶的事,甚至无法看见光"。(第195页)由于看守的贪污腐败以及随意施展暴力的"榜样"作用,西伯利亚的罪犯集结点几乎成为一个个的"犯罪学院"。为了生存下去,无辜和无助的老百姓在这里变成擅长告密、造谣、盗窃的"老油条",许多逃跑的罪犯变成流浪者,为了生存,他们暴虐无情地从西伯利亚定居的农民那里强取食物。正如《死屋》的作者所言,"过度拥挤成了地方性的问题,俄国的报复本能超过了政府的惩罚能力"。(第219页)最终,"与俄国统治者的计划相反,刑罚殖民从未成为西伯利亚发展背后的推动力量。反过来,随着流放者人数增加,这种制度日益成为西伯利亚发展的障碍"。(第4—5页)

《死屋》对沙俄流放制度在刑罚与殖民间的矛盾的阐述给我们这样的启示:刑罚的社会效果必须建构在良好的法律效果之上,一旦超越法律效果去追求社会效果,刑罚就会陷入自相矛盾之中,违背刑罚制度的初衷。刑罚首先是一种法律制度,它是

〔俄〕陀思妥耶夫斯基:《死屋手记》,
娄自良译,上海译文出版社2015年版

针对犯罪人所实施的制裁方式。这个层面上的刑罚旨在控制和预防犯罪,其通过惩罚矫正犯罪人或剥夺其犯罪能力。其次,刑罚也具有一定的社会功能,正当而恰当的刑罚有助于预防社会一般人犯罪,在此基础上,刑罚也是维持主流社会道德、保障社会秩序的重要途径。作为社会制度中的一种,刑罚在社会秩序建构中有其独特的面向和意义,比如在涂尔干看来,刑罚通过制裁犯罪维护集体意识,最终维护和确保了社会团结。这里需要注意的是,只有正当而且恰当的刑罚,才能既创造良好的法律效果,又具有良好的社会效果。就《死屋》所阐述的西伯利亚流放制度而言,由于资金不足、管理不善、腐败低效,罪犯其实处于监管人员恣意的权力约束之下。正如上文所引述的那样,罪犯生活在肮脏、恐怖和痛苦之中,随时都有可能丧失生命。不仅罪犯之间互相倾轧,监管人员也总是勒索或者任意责罚犯人,无论是否有正当理由。即便在18世纪后期,欧洲监狱改革的理念输入俄国,沙俄统治者也开始宣称追求罪犯改过自新,并将其作为流放制度的核心和"人道目标",但这具有很大的虚伪性。比如为了防止鞭刑因过于残酷而不符合"人道"的理念,沙俄统治者规定,在鞭刑的施刑场所配置医生,以防止意外的死亡。"他们的任务是,当发现罪犯被打得奄奄一息时,他们立刻进行干预并叫停行刑。但这样的打断只是给罪犯换取了暂缓处罚,而不是缓刑。"(第307页)当罪犯康复之后,要继续接受鞭刑。可见,在西伯利亚流放制度的施行中,其作为一种刑罚本身的功能尚且没有达到,当统治者要求其承担另一种截然不同的社会功能(为殖民服务)时,其更难达到要求。事实上,流放制度将好人变成坏人,将无辜的罪犯变成真正的杀人犯。可以说,流放制度不是预防了犯罪、矫正了犯罪人,而是向罪犯反复灌输着野蛮。经历了悲惨的流放生活的人,"不再害怕任何东西。更重要的是,他对于他人遭遇的苦难变得残酷、冷血"。由此可见,沙俄时期流放制度在刑罚与殖民之间发生分裂和变异,最终成为一种失败的刑罚。西伯利亚流放制度不但没有矫正犯罪人,没有有效控制和预防新的犯罪,相反,其本来想通过改造罪犯使其成为勤劳的劳动者,从而实现开发西伯利亚的目的,但是实际上,正是流放制度本身造就了真正的罪犯,后者又进一步破坏了真正的殖民者——西伯利亚农民——开发西伯利亚的进程。

编辑手记

基于为法学界保留一块进行严肃的学术批评的阵地这样的目标,《法律书评》集刊已经坚持了十八年。尽管距离所谓的"核心期刊"仍然遥远,但我们也并不因此被学术体制规训,而是希望坚持自己独特的风格与立场,在"学术"与"科研"似乎被分离为不同生产机制的时代,保持读书人的兴趣,并激励写书人的热情。

为了更好地坚持初心,我们也在一直求新求变,努力使读者和作者之间能够形成更为有机的联系。从本辑开始,我们开展了与凯风基金会合作的一系列新书沙龙活动,更多聚焦国内青年学者的新著,强调面向当代中国法学开展学术批评,较之于对国外经典著作的阅读创造更多学术增量。同时,与"雅理读书"公号和北大法宝数据库的合作,则可以在移动互联网时代更好地接近读者,形成更为立体的宣传。而作为最长期的合作伙伴,北大出版社从本辑开始对版式和设计也进行了创新,使刊物更具有可读性,更加凸显纸质书的美感。具言之,改用小开本,保留藏书票,封面引入图像,内文图文结合,倡导深思考和轻阅读的联手,达致学术性和人文性的交融。希望在未来通过同各位合作伙伴的共同努力,让刊物能够形成更强的影响力。

而所有这些,当然最终取决于作者和读者的合作。在感谢过去所有的作者与读者热情支持的同时,通过不断追求改变,我们也想向所有潜在的作者发出信号:《法律书评》追求更加多元与自由的学术批评,欢迎更加丰富和个性的话语表达,对于那些不能被纳入主流或是核心套路的思想与文字始终保持开放的态度。以此向读者提供真正需要的智识产品,为中国法学界建设良好的学术氛围和学术批评环境,这就是我们的贡献。

李 晟

2023 年 1 月 9 日

《法律书评》稿约

《法律书评》由北京大学法学院主办,苏力教授担任主编,目前每年出版一辑。本刊的主旨为"开放的批评与阅读",旨在弘扬和鼓励中国学术界尤其是法学界的学术批评,以及为关注学术与公共事务的法律人提供面向开放视野的兼具智识性与趣味性的多元化阅读。有鉴于此,本刊主编会同北京大学出版社立以下稿约,详细说明本刊用稿旨趣,向学界同道征稿:

1. 本刊所接受与刊发的稿件风格追求多元化,不拘泥于特定的形式。既鼓励系统性的深入论述,也同样欢迎短小精悍、一针见血的犀利评点;既立足于法学为基本视野,也关注法学之外的其他学科。

2. 本刊致力于提供一个尽可能自由的批评与交锋空间,鼓励有深度的学术批评而非简单的介绍性评论,尤其欢迎针对当代中国学术著作的犀利批评与深入解读,特别是年轻学者对上一代学人的批评。同时,并不局限于中国学界,同样欢迎对国外学术经典的诠释和新著的及时引介。

3. 在对于具体著作的学术评论之外,本刊还鼓励针对某一学术主题的多部著作的学术梳理与归纳、围绕重要著作展开的对话、与书相关的学术随笔,以及对于其他各类著作的法学视角分析。

4. 基于上述考虑,本刊根据讨论主题与用稿情况灵活设置栏目,投稿人在投稿时不必注明投稿栏目,本刊编辑委员会根据本刊宗旨及栏目的用稿品味在栏目间加以安排,并保留对拟采稿件进行文字性修改的权力。

5. 来稿要求未在任何公开出版物上发表,学术性书评来稿格式参见后附体例要求,也可参考本刊正文体例,字数不限。

6. 来稿仅接受电子版,请以 word 格式文件用附件 Email 至:lawbookreview@163.com。来稿请注明作者姓名,通信地址,所评论的书的名称、作者、译者、出版社和出版年份。

7. 本刊在一个月内对来稿作初步处理并以 Email 通知采用情况。对于采纳稿件,本刊向作者赠送同期刊物三册。

引证体例与范例

一、援用本刊规范

林海:《皮影戏——评苏力的〈法律与文学〉》,载《法律书评》(第 7 辑),北京大学出版社 2008 年版。

二、一般体例

1. 引证应能体现所援用文献、资料等的信息特点,能(1)与其他文献、资料等相区别;(2)能说明该文献、资料等的相关来源,方便读者查找。

2. 引证注释以页下脚注形式,每页重新编号。注释中重复引用文献、资料时,若为同一页注释中次第紧连援用同一文献的情形,使用"同上注,第 2 页""Id., p. 2"等。对于所评价著作,在文中多次重复引用时,可不再加入脚注,直接在正文中括号标注页码即可。

3. 正文中出现一百字以上的引文,不必加注引号,直接将引文部分左边缩排两格,并使用楷体字予以区分。一百字以下引文,加注引号,直接放在正文中。

4. 直接引证不使用引导词或加引导词,间接性的带有作者的概括理解的,支持性或背景性的引用,可使用"参见""例如""例见""又见""参照"等;对立性引证的引导词为"相反""不同的见解,参见""但见"等。

5. 作者(包括编者、译者、机构作者等)为三人以上时,可仅列出第一人,使用"等"予以省略。

6. 引证二手文献、资料,需注明该原始文献资料的作者、标题,在其后注明"转引自"该援用的文献、资料等。

7. 引证信札、访谈、演讲、电影、电视、广播、录音、未刊稿等文献、资料等,在其后注明资料形成时间、地点或出品时间、出品机构等能显示其独立存在的特征。

8. 不提倡引证作者自己的未刊稿,除非是即将出版或已经在一定范围内公开的。

9. 引证网页应出自大型学术网站或新闻网站,由站方管理员添加设置的网页,并且有详细的可以直接确认定位到具体征引内容所在网页的 URL 链接地址。不提倡从 BBS、BLOG 等普通用户可以任意删改的网页中引证。

10. 引用作品之作者或编者等,需用六角括号标注其国籍或所属地区。

11. 英文以外作品的引证,从该文种的学术引证惯例,但须清楚可循。

12. 其他未尽事宜,参见本刊近期已刊登文章的处理办法。

三、引用例证

中文

1. 著作

朱慈蕴:《公司法人格否认法理研究》,法律出版社1998年版,第32页。

2. 译作

〔法〕孟德斯鸠:《论法的精神》(下册),张雁深译,商务印书馆1963年版,第32页。

3. 编辑(主编)作品

朱景文主编:《对西方法律传统的挑战——美国批判法律研究运动》,中国检察出版社1996年版,第32页。

4. 杂志/报纸

张维迎、柯荣住:《诉讼过程中的逆向选择及其解释——以契约纠纷的基层法院判决书为例的经验研究》,载《中国社会科学》2002年第2期。

刘晓林:《行政许可法带给我们什么》,《人民日报》(海外版)2003年9月6日,第H版。

5. 著作中的文章

宋格文:《天人之间:汉代的契约与国家》,李明德译,载高道蕴等主编:《美国学者论中国法律传统》,中国政法大学出版社1994年版,第32页。

6. 网上文献资料引证

梁戈:《评美国高教独立性存在与发展的历史条件》,载中国教育和科研计算机网(http://www.edu.cn/20020318/3022829.shtml),访问日期:2008年8月1日。

英文

1. 英文期刊文章（consecutively paginated journals）

Frank K. Upham, "Who Will Find the Defendant if He Stays with His Sheep? Justice in Rural China", *Yale Law Journal*, Vol. 114:1675 (2005).

2. 文集中的文章（shorter works in collection）

Lars Anell, *Foreword*, in Daniel Gervais, *The TRIPS Agreement: Drafting History and Analysis*, London Sweet & Maxwell, 1998, p. 1.

3. 英文书（books）

Richard A. Posner, *The Problems of Jurisprudence*, Harvard University Press, 1990, p. 456.

4. 英美案例（cases）

New York Times Co. v. Sullivan, 376 U.S. 254 (1964).（正文中出现也要斜体）

Kobe, Inc. v. Dempsey Pump Co., 198 F.2d 416, 420 (10th Cir. 1952).

5. 未发表文章（unpublished manuscripts）

Yu Li, *On the Wealth and Risk Effects of the Glass-Steagall Overhaul: Evidence from the Stock Market*, New York University, 2001 (*unpublished manuscript, on file with author*).

6. 信件（letters）

Letter from A to B of 12/23/2005, p. 2.

7. 采访（interviews）

Telephone interview with A (Oct. 2, 1992).

8. 网页（internet sources）

Lu Xue, *Zhou Zhengqing Talks on the Forthcoming Revision of Securities Law,* at http://www. fsi. com. cn/celeb300/visited303/303_0312/303_03123001.htm?